D.M.Lloyd Jones

은혜의 기적

D.M.로이드 존스 지음 / 김의원 옮김

아가페문화사

The Miracle of Grace

and Other Messages

by

D. Martyn Lloyd-Jones

translated by

Eui Won, Kim

1992
Agape Culture Publishing Company
Seoul, Korea

머리말

최근에 나는 서재에서 「세계의 명설교」(The Christian World Pulpit)라는 설교전집 가운데 한 권을 훑어보던 중 우연히 마틴 로이드 존스 박사의 설교를 발견하였습니다. 여기서 자극을 받아 나는 설교집 전체를 조사하게 되었으며, 운좋게도 로이드 존스 박사의 또 다른 설교들을 손에 넣을 수 있었습니다.

수년간 바로 내 곁에 있었는데도 발견하지 못하다가 뜻밖에 우연한 기회에 찾고 보니 어쩔줄 모를 만큼 기뻤습니다. 더구나 여러분에게 이렇게 귀한 그분의 설교를 전하게 되어 실로 더할 나위 없이 기쁩니다. 로이드 존스 박사의 가족들조차도 그분의 설교가 이렇게 발견되리라고는 꿈에도 생각하지 못했기 때문에 그 기쁨이 더하지 않았나 싶습니다.

나는 그 설교들 중에서 특별히 세 편의 설교에 깊은 감동을 받았습니다. 「죄와 그 결과」란 설교문에서 로이드 존스 박사는 다음과 같이 말합니다. "'이 만나'라는 표현 속에는 이스라엘 백성들의 무지뿐 아니라 그들의 오만함까지 내포되어 있습니다. 당시 그들은 '만나'에 대하여 이처럼 경멸하는 투로 말하였습니다."

「하나님을 가까이 하는 삶」이란 설교문에서는 이렇게 말합니다. "우리가 하나님을 멀리한다면 모든 일은 곧바로 잘못되어 갈 것입니다 …… 이처럼 세상에서 하나님을 아는 것보다 더 중요하게 여길 것은 아무 것도 없습니다."

그리고 「은혜의 기적」에서는 이와 같이 선언합니다. "우리가 받는 축복의 양은 전적으로 우리 자신에게 달려 있습니다. '이웃집을 샅샅이 뒤져서라도 빈 그릇을 많이 빌려 오십시오.' 하나님이 이적을 행하려고 결정하셨기 때문에 수넴 여인은 자기가 할 수 있는 한 모든 그릇을 빌려야만 했습니다."

마틴 로이드 존스 박사의 메시지가 여러분의 생활 가운데에서 더욱 넓고도 깊게 적용되기를 바라며, 여러분의 삶이 풍요롭게 변화되기를 소망합니다.

1986. 5
어네스트 유진 죵리
버밍험, 앨러배머

□ 역자 서문 □

오늘날 교회에서 가르치는 말씀은 대부분이 지성에 호소하는 것들입니다. 그렇기 때문에 자연 사실 전달에 그칠 수밖에 없는 것이 현실입니다. 그러나 이제는 성경 말씀을 파헤치는 데서 그치는 것이 아니라 실생활에서 하나님의 말씀을 어떻게 적용하며 살아야 하는가를 올바로 깨달아야만 할 때입니다.

이 책은 이제까지 우리가 자신의 참된 이해없이 맹신적으로 받아들였던 말씀들에 대한 새로운 해석의 방법으로 진리를 깨우쳐 주고 있습니다.

이 시대에 있어 참 설교를 원하는 것은 하나님의 명령이자 성도들의 요청일 것입니다. 그런 의미에서 이미 한국 교회에 널리 알려져 있는 로이드 존스 목사의 설교는 독자들로 하여금 설교의 광맥을 발견하는 길을 제공해 줄 것입니다.

신학계의 거성 벤자민 B.워필드의 책 「신학 연구」의 표지 설명을 보면, 로이드 존스 목사의 성경 해석이 복음적이며 풍성한 은혜와 영적 생명력이 겸비되어 있음을 격찬하고 있는 것으로 보아 그의 성경의 정당한 해석 방법은 가히 짐작할 만합니다.

모두 14편의 설교로 되어 있는 본서는 각 편마다 기존의 설교와는 다른 신선한 접근 방법으로 진리를 전해 주고 있어 우리의 신앙 생활에 청량제로서의 역할을 하기에 충분합니다. 또한 말씀에 대한 모델을 제시하면서 실질적인 성경 해석을 해줌으로써, 우리의 이해에 더 한층 도움을 주고 있습니다. 뿐만 아니라 경건한 표현과 세련된 문체, 그리고 의학 연구와 수련 등 생활에서 우러나온 풍부한 경험들이 그의 말씀에 두드러지게 나타나고 있음을 알 수 있습니다. 「은혜의 기적」을 비롯한 각 편의 메시지들은 아주 논리적인 화법과 문장의 중간중간에 삽입된 어구가 다양성 속에서 전체적인 통일을 이루어 주고 있어 그의 문체의 독창성을 엿볼 수 있게 해줍니다.

특히 본문에 수록된 설교들은 우리에게 하나님께로 가까이 갈 수 있도록 계속적으로 이끌어주는 새로운 방법을 제시할 뿐만 아니라, 그 길을 쉽게 이해하고 받아들일 수 있도록 가르쳐주고 있습니다. 이에 대해서는 이미 본서의 머리말에서 어네스트 유진 종리가 본문의 설교에서 받은 감동과 함께 그의 진가를 잘 설명해 주고 있습니다.

그리스도인으로서 실생활에서 어떻게 말씀의 참뜻을 깨닫고, 그 뜻을 실천할 수 있는가를 평이하고도 소박하게 가르쳐 주고 있는 로이드 존스 목사의 능력 있는 메시지가 독자들에게 큰 감명과 풍요로운 삶을 제공해 줄 것이라 믿어 의심치 않습니다.

1992. 11
사당동 연구실에서
김 의 원

목차

- 머리말
- 역자서문

1. 은혜의 기적(왕하 4:1-7) ············ 13
2. 그리스도인의 소망(히 6:11-12) ············ 25
3. 참된 그리스도인의 제자도(요 6:67-69) ············ 39
4. 고난의 문제(히 12:9-10) ············ 57
5. 자아 만족적인 불신앙(삿 18) ············ 69
6. 선교에 대한 열정(고전 9:22) ············ 83
7. 죄의 구조(행 9:32-35) ············ 101
8. 신령한 지혜(약 1:5-8) ············ 111
9. 어린 여종의 증언(왕하 5:2-4) ············ 121
10. 십자가는 구원에 이르는 길(고전 1:23) ············ 129
11. 죄와 그 결과(민 11:4-6) ············ 139
12. 부활의 의미(롬 10:9) ············ 151
13. 나팔을 불라(고전 16:13) ············ 161
14. 하나님을 가까이 하는 삶(시 73:27-28) ············ 171

은혜의 기적

1
은혜의 기적

"그릇에 다 찬지라
엘리사가 아들에게 이르되 또 그릇을 내게로 가져오라
아들이 가로되 다른 그릇이 없나이다 하니
기름이 곧 그쳤더라"(왕하 4:6)

열왕기하 4:1-7에 기록된 수넴 여인과 기름 병의 사건을 주의해서 살펴보시기 바랍니다. 이 사건을 통하여 우리는 무엇이 기독교 신앙과 그리스도인의 삶의 본질을 이루는가를 이해하게 될 것입니다.

사실 이러한 주제를 신약이 아닌, 구약의 본문을 가지고 다룬다는 것이 다소 이상하게 보일지도 모르겠지만 신약에 나타나 있는 메시지는 구약에도 동일하게 나타나 있습니다. 단지 같은 메시지라도 신약에서는 훨씬 더 명료하게 드러나 있다는 차이가 있을 뿐입니다. 곧, 똑같은 메시지가 신약에서는 다른 형식으로 표현되어 있으며, 구약보다 훨씬 더 충분하게 표현되고 있다는 것입니다. 따라서 신약에 나타난 메시지의 본질을 고찰할 때 구약을 살펴보는 것은 확실히 유익하리라고 생각합니다. 구약은 진리를 대체로 묘사적인 형태로 표현합니다. 만일 우리가 신약의 눈으로 구약을 본다면, 구약에서는 진리가 아주 뚜렷한 형식으로 되어 있음을 발견하게 될 것입니다.

여기서 나는 이신칭의(以信稱義)에 대해서는 다루지 않을 것임을 미리 밝혀 둡니다. 그 이유는 믿음에 의해서만이 의롭다 하심을 인정받는다는 것은 의심의 여지가 없다고 생각하기 때문입니다. 그러나 우리들 대부분은 그 한 가지 교리가 기독교 신앙 전체를 대변해 주는 것처럼 여겨왔습니다. 또한 사람들은 기독교를 죄에 대한 용서를 전하는 메시지라고 생각하는 것 같습니다. 물론 우리는 용서에 대한 그러한 기본적인 교리가 있다는 것에 대하여 하나님께 감사를 드리지 않을 수 없습니다. 만약에 하나님의 사죄가 없다면 우리 모두는 멸망당할 수밖에 없기 때문입니다. 그러나 하나님은 용서가 기독교의 전부라고 상상하거나 기독교의 영원하고도 위대한 메시지를 단지 우리를 벌과 고통으로부터 구해내는 것으로만 생각하는 것을 금하십니다. 물론 기독교 신앙은 사죄받는 것으로 시작합니다만, 그것은 진리의 일부분일 뿐이며 기초에 불과합니다.

기독교 신앙에 대한 정의

하나님의 위대한 일꾼 존 웨슬레는 그의 사역이 끝나갈 무렵에, 기독교 신앙에 대하여 정의를 내린 사람이 많지만 17

세기에 살았던 스코트맨(Scotsman)이 가장 적절하게 표현하였다고 말했습니다. 그는 기독교를 다음과 같이 정의하였습니다.

"기독교는 사람의 영혼 속에 있는 하나님의 생명이다."

우리들 가운데 그리스도인의 삶을 이렇게 생각하는 사람이 과연 얼마나 될까요? 많은 사람들은 기독교 신앙을 이보다 더 낮은 차원으로 생각합니다. 어떤 이들은 기독교를 특정 국가의 소유물로 생각합니다. 예를 들어, 이 나라(영국 - 역자주)를 기독교 국가라고 부르는 것도 이런 이유에서 비롯됩니다. 또 정부의 관리들 중 어떤 사람들은 자신을 그리스도인으로 간주하여 자신의 통치를 받는 자들을 이교도들로 보기도 합니다. 그들은 실제로 신앙적인 경험을 했거나 영적인 것들에 대하여 관심을 갖고 있기 때문이 아니라 단지 자신이 영국 사람이라는 이유만으로 자신을 그리스도인으로 생각하는 것입니다.

또 어떤 이들은 기독교 신앙을 유아 세례와 관련시켜 생각하기도 합니다. 만일 여러분이 그들에게 그리스도인으로 자칭하는 이유가 무엇이냐고 질문한다면 그들은 자신이 아기였을 때 세례를 받았다는 것을 내세울 것입니다. 유아 세례는 목사와 부모간에 있었던 하나의 의식일 뿐, 아기였던 당사자들은 아무 것도 모르고 또 기억하지 못하면서도 그러한 의식으로 인해 자신들이 그리스도인이 되었다고 주장합니다. 이러한 견해가 영국 국교회나 로마 카톨릭 교회에만 국한된다고 상상하는 것은 크게 잘못된 생각입니다. 이러한 견해는 다른 교파의 교회들에서도 마찬가지로 발견됩니다. 사실 유아 세례 의식은 인간의 영혼 속에 들어가는 하나님의 생명과는 아무런 관계가 없습니다.

어떤 사람들은 기독교 신앙을 교회의 일원으로 받아들여지는 것과 혼동하기도 합니다. 이들은 아이가 자라 여러 가지 가르침을 통하여 많은 지식을 얻게 되고, 일정한 문답을 통하여 그 질문에 완벽하게 대답할 수 있게 되면 그리스도인이 된다고 여깁니다. 많은 사람들이 기독교 교리에 대해서 어느 정도 알게 되고 사람들과의 친교로 인해서 자신도 기독교인이라는 느낌을 갖게 되지만, 이러한 경험은 결코 성경적이지 않습니다. 왜냐하면, 그들은 영혼 속에 있어야 할 하나님의 생명에 대하여는 전혀 관심을 두지 않기 때문입니다.

또 다른 사람들은 기독교 신앙을 선한 일, 곧 도덕이나 선행과 연관지어 묘사합니다. 그들은 단지 지식만 가지고도 교회의 완전한 일원이 될 수 있다고 주장합니다. 하지만 실제로 그들의 삶을 살펴보면, 그들이 자신의 입으로 떠벌리는 것을 얼마나 빈번히 부인하는지 모릅니다.

하나님의 생명

앞에서 살펴본 정의들은 오늘날 우리가 잘 알고 있는, 그리스도인의 삶에 대한 정의들 중 몇 가지 예에 불과할 뿐입니다. 그런데 나는 이것들이 존 웨슬레가 가장 적절한 것으로 소개한 정의에는 훨씬 못 미친다는 것을 우리 모두 인정해야만 한다고 생각합니다. 다른 사람들은 모두 기독교 신앙을 행하여지는 무엇으로 말하는 데 반하여, 스코트맨(Scotsman)은 그것을 인간의 영혼 속에 있어야 할 하나님의 영적 생명으로 묘사합니다. 우리가 잘 아는, 수넴 여인과 기름 병에 대한 구약의 사건은 이 정의가 진리임을 증명해 주는 좋은 예입니다.

만일 기독교 신앙이 '하나님의 생명'이라면 그것은 본질적으로 거룩한 것입니다. 그리고 그것은 초자연적인 것이기 때문에 사람의 노력으로는 결코 도달할 수 없습니다. 또한 그것은 선물이므로 우리가 받아들일 때에만 의미가 있습니다. 자, 이제 성경에서는 기독교 신앙이 어떻게 묘사되어 있는지 주의하여 살펴보겠습니다.

여기에 채권자들로부터 시달림을 당하고 있는 한 가난한 과부가 있습니다. 친구들은 그녀를 위로하고 그녀가 빚을 갚을 수 있도록 도우려고 하지만 그들의 노력으로도 어려운 현실을 해결하기에는 역부족입니다.

신약은 이와 유사한 묘사로 가득합니다. 바울은 고린도전서에서 다음과 같이 말합니다.

"내가 사람의 방언과 천사의 말을 할지라도 사랑이 없으면 소리나는 구리와 울리는 꽹과리가 되고".

이 말은 곧 "나는 수많은 군중을 뒤흔들어 놓을 수 있습니다. 천사같이 말할 수도 있습니다. 하지만 그러한 것들이 인간의 영혼 속에 생명을 낳을 수는 없습니다."라는 의미입니다.

바울은 계속하여 가난한 자들을 돕는, 전혀 이기심이 없는 사람들에 대하여 언급합니다. 확실히 그러한 사람들은 영적으로 의로운 자들임에 틀림 없습니다. 그러나 바울은 이러한 행위도 완전한 것은 아니라고 말합니다. 그러한 사람들의 마음속에 사랑이 결핍되어 있을 수도 있다는 것입니다. 또한 그들의 관대함이 반드시 기독교 신앙의 정수인 하나님의 생명을 낳는 것은 아닙니다. 자기 생명을 바치는 행위 역시 마찬가지입니다. 영적 생명을 낳는 것은 이적이요, 초자연적인 생명이기 때문에 인간의 어떠한 노력으로도 결코 얻을 수 없는 것입니다.

신비로운 그리스도인의 삶

사람의 노력으로는 영적 생명을 낳을 수 없을 뿐만 아니라, 이 생명을 소유하지 못한 사람은 이러한 생명을 이해할 수도 없습니다. 열왕기하에 나오는 그 과부가 살던 마을을 다함께 상상해 봅시다.

어느 날 아침 10시경, 그 마을 한가운데 있는 공터에 사람들이 모여 있었습니다. 그들은 한 가난한 과부의 사정에 관하여 이야기를 하고 있었는데, 자신들의 힘으로는 아무런 도움의 가망이 없음에도 불구하고 그녀에게 도움을 줄 만한 것을 열심히 찾았습니다. 그렇지만 결국에는 자신들이 할 수 있는 일이 아무 것도 없다는 것에 절망감을 느낍니다.

이것이 그 아침에 있었던 사건입니다. 그러나 그날 오후, 같은 장소로 가봅시다. 거기서 우리는 아침에 보았던 사람들을 다시 보게 되지만 그들의 표정은 아침과는 달리 매우 활기 있어 보입니다. 그들은 그 과부가 방금 모든 빚을 갚을 수 있게 되었고, 더욱이 빚을 갚고도 많은 기름을 얻게 되었다는 소식을 들은 것입니다. 아침에는 절망적으로 보였지만 이제 그들은 그녀와 함께 기뻐하고 있습니다. 그러나 그들은 그 사건을 이해할 수가 없었으며 '어떻게 그러한 일이 일어났을까?' 하는 의구심만 마음속에서 일어났습니다.

바로 이것이 신약의 진리에 대한 구약의 묘사인 것입니다. 우리는 니고데모와 주님 사이에 있었던 한밤중의 대화에서 또 다른 사실을 접하게 됩니다. 니고데모가 주님께 말합니다.

"주여, 저는 당신을 계속해서 주시해 왔습니다. 저는 당신이 일으키시는 이적들을 죽 지켜보았으며, 당신의 가르침에 귀기울여 왔습니다. 그리고 이런 것들을 통해서 당신이 결코 보통 사람이 아니라는 것을 분명히 알 수 있었습니다. 오늘 밤 제가 이렇게 찾아온 것은 그 비밀을 알기 위해서입니다. 저는 랍비입니다. 하지만 제가 어떻게 당신의 가르침에 이를 수 있겠습니까?"

이에 대하여 우리 주님은 다음과 같이 대답하십니다.

"니고데모야, 네 질문이 네 자신의 무지를 드러내고 있구

나. 분명히 너는 내가 말하는 이 생명의 요소들을 이해하지 못하고 있다. 네가 필요로 하는 것은 지식이 아니라 중생이니라. 너는 아주 잘못된 지식을 가지고 있느니라. 너는 먼저 거듭 나야만 하느니라. 내가 말하는 하나님의 생명은 바람에 비유할 수 있어서 눈으로는 볼 수 없느니라. 우리가 보는 것은 단지 그 결과일 뿐이니라. 너는 머리를 숙이고 하나님의 은혜로운 영향력이 네 마음속에서 활동할 수 있도록 해 보아라. 하나님의 생명은 이해하는 것이 아니라 마음으로 받아들이는 것이니라."

바울은 이러한 진리를 고린도전서에서 다음과 같이 설명합니다.

"육에 속한 사람은 하나님의 성령의 일을 받지 아니하나니 저희에게는 미련하게 보임이요 또 깨닫지도 못하나니 이런 일은 영적으로라야 분변함이니라"(고전 2:14).

하나님의 생명은 그것을 소유하지 못한 사람뿐만 아니라 소유한 사람조차도 이해할 수 없습니다. 수넴 여인에 대한 이야기에서, 마을 사람들도 그 소식을 듣고 놀랐지만 가장 놀란 사람은 바로 그녀 자신이었습니다. 나는 그녀가, 기름이 계속해서 공급되는 것을 보고 놀라워하며 손에 기름병을 들고 서 있는 모습을 마음속에 그려 볼 수 있습니다.

바울이 경험한 것도 이와 비슷한 성격입니다. 그는 자신의 경험을 다음과 같이 묘사합니다.

"이제는 내가 사는 것이 아니요 오직 내 안에 그리스도께서 때 갑자기 그 성령 충만의 복이 찾아왔던 것입니다. 그 복의 능력이 너무나도 폭발적이어서 무디는 마치 그 복이 자신을 죽이는 줄 알았습니다. 그래서 그는 두 손을 번쩍 들어서 "주여, 날 살려 주십시오!"라고 부르짖었습니다.

나는 여기서 그 여인이 준비해 둔 수많은 빈 그릇을 볼 수 있습니다. 엘리사 선지자가 그 하나 하나의 그릇에 기름을 채우고나서 또 다른 그릇을 요구하자 그 여인은 더 이상 그릇이 없다고 대답했습니다. 성경은 "그러자 기름이 곧 그쳤더라"라고 말하고 있습니다. 그녀가 빈 그릇을 더 많이 가지고 있었더라면, 아마도 기름은 그릇마다 넘치게 채워졌을 뿐 아니라 계속해서 나왔을 것입니다.

수많은 그리스도인들이 왕자 같은 삶을 살게 하시려는 하나님의 목적과는 달리 빈궁한 삶을 살고 있는 것이 현실입니다. 그러나 바울이나 초대 교회 성도들은 하나님의 풍성하심을 경험하였으며, 이들뿐만이 아니라 평범한 사람들도 하나님의 사랑과 충만하신 은혜를 누렸습니다. 그리고 하나님의 충만하시고 역사하심이 오늘 이 시간 우리에게도 임하시고 있습니다.

분은 결코 회심을 경험하지 못할 것입니다.

빈 그릇들을 모으십시오. 이러한 축복이 바로 여러분을 위하여 준비되어 있다는 사실을 믿으십시오. 그리고 큰 기대를 갖고 예배에 참여하십시오. 하나님의 기적을 경험할 준비를 하십시오. 준비는 바로 여러분이 할 일입니다. 세상적인 것에서 떠나 축복의 하나님을 바라보십시오.

많이 선택하든 적게 선택하든, 그것은 여러분의 자유입니다

결국, 우리가 받는 축복의 양은 전적으로 우리 자신에게 달려 있습니다. 만일 우리가 받을 축복이 하나님께 달려 있다면 그 양은 끝이 없을 것입니다. 과부가 엘리사 선지자에게 자기는 기름 한 병 외에는 아무 것도 없다고 말하자, 선지자는 그녀에게 "나가서 이웃에게 그릇을 빌리라"고 말했습니다. 그것도 하나만 빌리지 말고 여기 저기서 많이 빌리라고 했습니다. 하나님이 이적을 행하려고 결정하셨기 때문에 그녀는 할 수 있는 한 모든 그릇을 빌려야만 했습니다. 이처럼 하나님의 축복은 끝없이 영원한 대양과도 같습니다.

복음 전도자 드와이트 엘 무디(Dwight L. Moody)는 자신은 수년 동안 하나님의 큰 복을 누리지 못한 유명 무실하며 형식적인 그리스도인이었다고 고백했습니다. 그는 보다 큰 복을 열망하고 그에 대한 준비를 하였지만, 그것은 오지 않았습니다. 그러던 중 어느 날 오후 그가 뉴욕 거리를 걷고 있을 그리고 나서 엘리사는 그녀에게 여러 가지를 지시합니다.

첫째로, 엘리사가 지시한 것은 두 아들과 함께 골방에 들어가라는 것이었습니다. 이적은 마을 한가운데서 일어난 것이 아니라 바로 골방에서 일어났습니다. 하나님은 좀처럼 그분의 큰 일을 번화한 상업 중심지나 혼잡한 거리에서 행하시지 않습니다. 만일 우리가 하나님의 생명에 들어가려면 우리가 조용히 쉴 수 있는 은밀한 골방이 있어야 합니다. 오늘날과 같이 분주한 세상에서는 홀로 있을 수 있는 안식처가 얼마나 중요한지 모릅니다. 세상에 대해서 벽을 쌓는 것만으로는 충분하지 않습니다. 우리는 은밀한 방에서 우리 자신과도 단절되어야 합니다. 은밀한 방에 들어가서 문을 잠그십시오. 오직 하나님의 말씀을 묵상하며 영원에 대해서만 생각하는 시간을 가져 보십시오.

그 선지자가 여인에게 지시한 두 번째 것은 기름을 채울 빈 그릇들을 모으는 일이었습니다. 이것이 우리에게 어떤 의미를 줍니까?

많은 기독교인들은 하나님으로부터 오는 큰 복을 기대하지 않기 때문에 그리스도인으로서 누려야 할 축복들을 누리지 못할 때가 많습니다. 우리는 축복을 기대하지 않고 주일날 교회에 갑니다. 심지어 우리는 그러한 일이 가능하다는 것을 믿지도 않습니다. 어쩌면 우리는 회심과 중생의 이적을 교묘히 설명하는 심리학의 가르침을 받아들이고 있는지 모르겠습니다. 만일 여러분이 회심의 가능성을 믿지 못한다면, 여러 사신 것이라"(갈 2:20).

그리고 계속해서 "나는 나 자신을 알지 못하노라. 나는 다소의 사울이라. 그럼에도 불구하고 나는 더 이상 다소의 사울이 아니라."고 말하고 있습니다. 하나님의 생명이 그리스도인의 영혼 속에 들어갈 때 그 자신이 얼마나 놀라게 되겠습니까?

어떤 사람은 다음과 같이 말할지도 모릅니다.

"당신은 이 생명의 거룩성만을 강조할 뿐, 인간은 이 생명을 받기 위해서 아무런 노력도 할 필요가 없으며, 모든 인간은 그저 앉아서 이러한 이적적인 생명이 자기 영혼 속에 들어오기만을 기다려야 한다고 말하는 것이 아닙니까?"

아닙니다. 절대 그렇지 않습니다. 내 말은 그런 뜻이 아닙니다. 나는 우리가 할 일이 전혀 없다고 말하는 것이 아닙니다. 그 위대한 드라마에는 오직 한 분의 배우가 있을 뿐인데, 그분이 바로 주 예수 그리스도 자신이십니다. 그래서 아무도 그의 배역을 대신할 수 없습니다. 하지만 우리는 그분을 위하여 무대 정도는 준비할 수 있습니다.

그 가엾은 과부는 곤궁함 중에 선지자 엘리사에게 가서 그의 도움을 구합니다. 엘리사가 "네 집에 무엇이 있느냐?"고 묻자 그녀는, "기름 한 병 외에는 아무 것도 없나이다"라고 대답합니다. 그러자 선지자가 다시 말합니다.

"음, 그러나 내가 시키는 대로 하기만 하면 아무 염려할 것이 없느니라."

2
그리스도인의 소망

"우리가 간절히 원하는 것은
너희 각 사람이 동일한 부지런을 나타내어
끝까지 소망의 풍성함에 이르러 게으르지 아니하고
믿음과 오랜 참음으로 말미암아
약속들을 기업으로 받는 자들을 본받는 자
되게 하려는 것이니라"(히 6:11-12)

히브리서 6:11-12은 히브리서 전체에서 가장 핵심되는 구절입니다. 특이하게도 본 서신의 기자는 처음부터 끝까지 권면하는 구절과 설명하는 구절을 교대로 서술하는 방식으로 본서를 기록했습니다. 그는 히브리 그리스도인들이 당면한 상황 때문에 그들에게 편지를 썼습니다. 그는 그들의 영혼에 관심을 가지고 있었으며, 그들이 복음의 은혜에서 떨어지지 않도록 도와줄 만한 책망과 교훈의 필요성을 절감하고 있었던 것입니다.

여기서의 책망은 그리스도인으로서 그들의 삶에 조화와 균형이 부족하다는 것입니다. 그는 선한 행위에 대해서는 그들을 칭찬합니다. 그러나 문제는 그들이 기독교 신앙의 한 면에 대해서만 너무 치우쳐 있어, 똑같이 중요한 다른 면을 무시한다는 것입니다. 그들은 기독교 신앙의 실천적인 면, 즉 친절하게 서로 도와주는 모습에서는 주목할 만하게 모범을 보여 왔습니다. 하지만 그리스도인의 삶에 있어서 소홀히 해서는 안되는 지적이며 신학적인 면은 무시하고 있었습니다. 즉, 그들은 교리 분야에 대해서는 전혀 무관심했던 것입니다.

히브리서 기자는 5장에서 예수 그리스도를 멜기세덱의 반차를 좇아 난 대제사장으로 묘사합니다.

"멜기세덱에 관하여는 우리가 할 말이 많으나 너희 듣는 것이 둔하므로 해석하기 어려우니라…… 젖이나 먹고 단단한 식물을 못먹을 자가 되었도다"(히 5:11-12).

나는, 히브리서 기자가 히브리 그리스도인들이 듣기에 둔하다는 사실 때문에 매우 어려운 처지에서 말하고 있음을 발견합니다. 히브리서 5:11-12를 풀어 쓰자면 다음과 같은 뜻입니다.

"여러분은 그리스도인으로서의 삶에 있어서 교리적이며 지적인 면을 태만시해 왔습니다. 여러분은 내가 하는 말을 이해할 만한 능력을 가지고 있지 않습니다. 내가 전하는 말은 어린아이들에게는 적합하지 않은 단단한 고기인데, 여러분은 젖 외에는 아무 것도 먹을 수 없는 상태에 있는 것입니다."

바꾸어 말하면, 이들 그리스도인들에게 있어 진정한 문제는 그리스도인의 궁극적인 소망에 관한 가르침을 굳게 잡지 않았다는 것입니다. 그들은 "끝까지 소망의 풍성함"을 무시했던 것입니다.

정통 교리에 의한 증명

내가 '정통'이라는 말에 주의하는 이유는 이 말이 현 세대의 그리스도인들에게 적합하다고 생각하기 때문입니다. 오늘날 그리스도인의 삶의 특징 가운데 하나는 균형이 깨졌다는 것입니다. 그러므로 이제 우리는 그리스도인의 신앙에 있어서 중심이 되는 면에 대해서 주의를 기울여야 합니다.

내가 여러분에게 "당신은 무엇이 그리스도인임을 증명하는 시금석이라고 생각하십니까?"라는 질문을 한다고 가정해 보십시오. 그러면 이에 대해 다음과 같이 답변하는 사람이 있을 것입니다.

"어떤 사람이 그리스도인인지 알려면 정통적인 교리에 대해서 질문해 보면 됩니다. 다시 말해서, 그 사람이 그리스도인인지의 여부를 입증하는 방법은 그의 믿음이 무엇에 근거를 두고 있는지를 묻는 것입니다. 그가 정통파인가, 그가 하나님을 믿으며 그리스도의 신성·속죄·부활과 성령의 인격을 믿는가를 알아보면 됩니다."

우리는 이러한 질문에 대해서 부정적으로 대답하는 사람은 그리스도인이 아니라고 단정하는 데 모두 동의합니다. 만일 어떤 사람이 그리스도인이 되려면 그는 하나님의 존재와 그리스도의 신성을 믿어야만 합니다. 하지만 이러한 교리가 그리스도인에게 반드시 필요한 것이기는 해도 그리스도인임을 증명하는 절대적인 규범은 아닙니다.

교리에 대한 질문은 경쟁 시험을 보는 데 있어서 예비 시험과 같다고 볼 수 있습니다. 예를 들면, 웨일즈의 아이스테드(Eistedd : 예술 축전)에 참가하는 참가자 전원은 예비 시험을 거쳐야만 하는데, 이 시험에는 40-50명의 경쟁자들이 참가하지만 보통 5,6명만이 최종 선발전에 참여해 전체 관중 앞에서 연주를 하게 됩니다. 이처럼 예비 시험의 기능이란 경쟁자들의 수를 줄이는 것입니다.

그리스도인의 신앙 고백과 관련하여 정통 신조에 대한 시험은 일종의 예비 시험입니다. 그런데 이러한 예비 시험은 소극적인 성격을 가지고 있습니다. 만일 어떤 사람이 정통 신조를 부정하면 그는 그리스도인이 아닙니다. 그렇지만 나는 정통 신조에 대해서 묻는 것이 적극적인 방법이 아니기 때문에 그리스도인임을 증명하는 데 있어서는 부족하다고 생각합니다. 사실 머리로만 정통 신조를 인정하는 사람들은 많이 있습니다. 그들은 복음의 진리를 지적으로는 잘 이해하고 있지만, 그들의 마음은 전혀 변화되어 있지 않습니다.

생활에 의한 증명

그리스도인에 대한 시금석은 행위, 곧 생활에 대한 시험에 의해서 판단할 수 있다고 말하는 사람이 있습니다. 이런 사람들은 다음과 같이 말할 것입니다.

"나는 사고에 있어서는 매우 복음적이지만 생활은 비그리스도인임을 명백하게 보여 주는 사람들을 많이 보았습니다.

많은 사람들이 그리스도인의 소망을 단지 기질의 문제로 간주하는 것 같습니다. 다시 말해서 소망을 가진 사람을 낙천주의자, 즉 기분 좋고 기운차며 언제나 웃는 사람으로 봅니다. 하지만 우리 모두가 그러한 기질을 갖고 태어나지는 않습니다. 그리스도인의 소망은 단지 기질의 문제나 낙천주의적인 철학의 문제가 아닙니다. 그리스도의 복음은 실제적인 삶입니다. 그것은 결코 사람들에게 세상과 등을 돌리라고 말하거나 화려한 문구로 사람들을 취하게 만드는 것이 아닙니다.

그렇다면 그리스도인의 소망은 무엇일까요? 나는 종종 소망을 한낱 필연이나 확신과 반대되는 것으로 생각하는 사람들을 만납니다. 만일 여러분이 그러한 사람들에게 구원의 확신에 대해서 물으면 그들은 분명하게 대답하지 않고, 다만 구원받기를 소망한다고 대답합니다.

이러한 사람들에게 있어서 소망은 확신의 정반대 개념입니다. 하지만 본문(히 6:11-12)은 그러한 생각이 얼마나 우스운가를 입증해 주고 있습니다. 히브리서 기자는 그의 편지를 받는 사람들에게 "동일한 부지런을 나타내어 끝까지 소망의 풍성함에 이르도록" 권고합니다. 소망은 불확실함을 뜻하지 않습니다. 신약에 의하면, 우리 앞에 있는 이 소망보다 더 확실한 것은 없습니다. 이 소망에 대한 교리는 우리의 구원이 주로 미래적인 사건임을 말해 줍니다.

현세에서 우리는 단지 구원에 대한 첫 기업을 받을 뿐인데,

는가' 하는 것이라고 생각합니다. 바로 여기에 중심적이고도 전체 기초를 함축하는 의미가 있습니다. 여러분은 이것을 신약 전체에서 발견할 수 있을 것입니다.

예수님이 제자들에게 하셨던 마지막 말씀 중 한 가지는 "내가 너희를 위하여 처소를 예비하러 가노니 내가 가서 너희를 위해 처소를 예비하면 내가 다시 와서 너희를 나에게로 영접하리라"는 것이었습니다. 예수님은 그러한 생각을 가지고 제자들의 곁을 떠나셨습니다.

바울도 소망에 대하여 언급했습니다. 그는 에베소 교인들에게, "너희가 그의 부르심의 소망이 무엇인지를 알라"고 편지를 썼습니다.

베드로는 소망의 사도라 불립니다. 만일 여러분이 그가 기록한 서신의 첫 장을 읽어 본다면, 그가 소망이라는 말을 얼마나 자주 사용했는지 그 횟수에 놀라게 될 것입니다.

또한 소망은 요한 서신과 계시록에서도 중요하게 나타나고 있습니다.

그리스도인의 소망은 무엇인가

만일 그리스도인의 소망에 대한 태도가 우리의 신앙 고백에 대한 시금석이라면, 우리가 그리스도인의 소망이 무엇인가를 정확히 안다는 것은 매우 중요한 일입니다. 그리스도인의 소망에 대해서는 많은 논란이 있는데, 먼저 잘못된 소망에 대해 여러분과 함께 살펴보고자 합니다.

제에 대해 이렇게 말합니다.

"나는 그리스도인임을 증명하는 데 있어서 정통적인 교리를 긍정하거나 단순히 도덕적으로 나무랄 데 없이 살고, 선행을 하는 것 정도로는 충분치 않다는 견해에 전적으로 동의합니다. 내 생각으로는 그리스도인에 대한 시금석은 바로 이것입니다. 경험, 즉 자신이 변화된 삶을 살고 있다고 말할 수 있는가, '나는 영적으로 장님이었지만 지금은 눈을 떴다'라고 말할 수 있는가, 자신이 삶에서 새로운 경험을 한 새 사람이라는 사실을 증언할 수 있는가 하는 것입니다."

우리는 이에 대하여 무엇이라 말해야 하겠습니까? 경험이 중요한 것이라는 점은 인정합니다. 만일 사람이 일시적이든 혹은 점진적이든 간에 이 경험을 하지 않았다면, 그는 그리스도인이 아닙니다. 이 세상에 처음부터 그리스도인으로 태어난 사람은 아무도 없습니다. 그렇지만 그리스도인이 되려면 누구든 거듭나야만 합니다. 만일 어떤 사람이 자신의 삶에 있어 일대 전환이 있었다고 말할 수 없다면, 그는 그리스도인이 아닙니다. 그럼에도 불구하고 만일 우리가 단지 경험만이 중요하다는 입장을 취한다면, 우리는 매우 심각한 오류에 빠질 수 있습니다. 어떤 크리스챤 과학자는 다음과 같이 말합니다.

"심리학자와 상담을 해보면 종교적 경험을 주는 종교 의식이 수없이 많이 있음을 알게 될 것입니다."

나는 그리스도인에 대한 시금석은 '소망을 어디에 두고 있

그렇기 때문에 그리스도인에 대한 시금석은 그 사람이 가진 삶의 태도라고 나는 생각합니다. 어떤 사람이 진실로 그리스도인인가를 알려면 그가 선하고 깨끗한 삶을 살고 있는가, 자기 동료들을 선대하는가, 주님처럼 어느 곳에서든지 선을 행하는가 하는 점을 알아보아야 합니다."

여러분은 이 말에 대해 어떤 의견을 가지고 있습니까? 우리는 모두 어떤 사람이 선한 삶을 살지 않는다거나 복음에 합당한 삶을 살지 않는다면, 그의 생각이 아무리 복음적이라 할지라도 그가 실제로는 그리스도인이 아니라는 것에 쉽게 동의할 것입니다. 이와 같이 생활에 의한 판단은 매우 가치 있고 중요한 것입니다. 하지만 선한 생활을 한다고 해서 모두 다 그리스도인으로 볼 수는 없습니다. 믿지 않으면서도 도덕적으로는 손가락질 한 번 받지 않을 정도로 깨끗한 삶을 살고 있는 사람을 주위에서 얼마든지 볼 수 있기 때문입니다. 그런데도 수많은 사람들이 이러한 오류에 빠집니다. 여러분은 다음과 같이 말하는 사람을 많이 보았을 것입니다.

"예배에 출석하든, 하지 않든 그것은 별로 중요하지 않습니다. 나는 선한 사람이므로 분명히 그리스도인입니다."

하지만 신약은 이러한 생각을 완전히 배격합니다.

경험에 의한 증명

매우 현대적인 사람은 그리스도인인지의 여부를 밝히는 문이것을 가리켜 바울은 "우리의 기업에 대한 보증"이라 부릅니다. 구원은 주로 미래적인 것입니다. 그곳에 우리를 기다리고 있는 위대한 기업이 있습니다. 우리는 아직 그곳에 들어가지는 못하였지만 성경을 통하여 그에 대해 어느 정도 짐작할 수 있습니다. 그곳에는 그리스도 안에 있는 우리를 위하여 영광스러운 기업이 예비되어 있습니다.

"기록된 바 하나님이 자기를 사랑하는 자들을 위하여 예비하신 모든 것은 눈으로 보지 못하고 귀로도 듣지 못하고 사람의 마음으로도 생각지 못하였다 함과 같으니라"(고전 2:9).

다시 말해 그리스도인의 소망에 대한 신약의 교리는, 우리는 단지 첫 열매의 기업을 받았을 뿐이며 완전한 구원은 미래에 있다는 것입니다. 우리는 하나님의 자녀들이며 후사, 곧 그리스도와 함께하는 후사들입니다. 바로 이것이 우리 앞에 있는 위대한 소망인 것입니다. 그리고 우리의 신앙 고백에 대한 시금석은 이러한 가르침을 붙잡는 것입니다. 이러한 가르침이 여러분의 신앙 생활에서 중심을 차지하고 있습니까?

만일 어떤 사람이 이러한 교리를 믿는다면, 그는 올바른 신자임에 틀림없습니다. 그리고 이 사람은 그리스도의 신성, 그의 속죄와 부활을 틀림없이 믿을 것입니다. 세상에서 사람들을 위로하고 격려할 수 있는 것이 이 복된 소망에 대한 교리 외에 무엇이 있겠습니까?

이 편지는 히브리 그리스도인들을 위해서 쓰여졌습니다. 히브리 그리스도인들은 나사렛 예수의 속죄의 죽음과 부활에 대해서 뿐 아니라 그분이 다시 오신다는 말을 들었습니다. 그들은 옛 유대인의 의식을 포기하고 자신들을 예수님께 맡겼습니다. 하지만 해가 지나도 그리스도께서 다시 오지지 않자 그들은 자신들이 실수를 하지 않았나 의심하기 시작했습니다. 더구나 당시에 그들은 유대인들과 로마인들, 그밖의 사람들에게 박해를 당하고 있었으므로 그들의 믿음은 동요할 수밖에 없었습니다. 그때 바로 히브리서 기자가 그들에게 본 서신을 쓴 것입니다.

"너희가 이 교훈을 결코 굳게 잡아 오지 않았으니 이는 너희가 뒤로 물러가기를 생각하고 있음이라."

히브리서 기자는 우리가 결코 현세에서 편안한 시간을 보낼 것이라고는 말하지 않았습니다. 우리의 구원은 주로 미래에 있습니다. 그러므로 이 세상은 우리를 죽일 수는 있어도 결코 우리의 소망을 빼앗지는 못합니다. 또한 이 소망을 떠나서는 세상에서 실제적인 위로와 평안을 얻을 수 없습니다.

일이 잘 되어 가지 않을 때, 사업에서 실패할 때, 병으로 일을 하지 못하게 될 때 여러분은 누구를 의지합니까? 죽음에 직면할 때 여러분은 무엇을 의지합니까? 우리가 의지할 것은 우리 주 예수 그리스도께서 다시 오실 것과, 언젠가는 그분과 함께 있으리라는 이 영광스러운 소망이 아니겠습니까? 이러한 소망이 우리가 이 세상에서 시련과 고난에 직면할 때 받는 위로와 평안의 원천입니다.

덧붙여 말하자면, 그리스도인의 소망에 대한 이러한 교리

야말로 그리스도인의 삶에 있어서 실제로 적절하고 유일한 자극제인 것입니다. 나는 이것을 여러분에게 다음과 같이 표현하고자 합니다. 만일 내가 그리스도인이고, 그리스도인에 대한 시금석이 이 소망으로 결정된다면, 나는 아무런 행동도 하지 않고 편히 쉴 수 있게 될 것입니다. 그렇게 되면 나는 더 이상 할 것이 아무 것도 없게 되어 다시 타락할지도 모릅니다. 마찬가지로, 자기 경험의 가치를 강조하는 사람은 언제나 그러한 경험을 뒤돌아봅니다. 그리고 뒤돌아보고 있는 동안 그는 앞을 향해 나아갈 수가 없는 것입니다. 나는 종종, 자신들이 경험한 어떤 종교적인 현상에 대하여 말하는 사람들을 보게 됩니다. 하지만 그때 이후로 그들이 무엇을 하고 있겠습니까? 그러한 사람들은 언제나 첫 경험만을 되돌아보고 있을 뿐입니다.

복된 소망에 대한 교리는 그리스도인의 삶에서 유일한 자극제입니다. 그리스도를 얼굴 대 얼굴로 마주 대하고 볼 날이 오고 있는 것입니다. 우리는 언젠가 들어갈 그 영광스러운 곳을 생각하고, 구원의 영광과 경이를 생각하며 힘차게 앞으로 나아가야 합니다. 우리 앞에 있는 소망은 우리로 하여금 그리스도인으로서의 삶에 최선을 다하도록 격려해 줍니다.

나는 이 세상에서 육신을 입고 있는 동안 행한 모든 행위에 대하여 그리스도의 심판대 앞에 서야 할 날이 다가오고 있다는 것을 명심하고 있습니다. 하지만 이러한 기독교 교리를 잘 아는 사람들 중에서도 무기력하게 사는 자들이 있습니다. 언젠가 그리스도를 대면하여 볼 때 우리는 구원이 대가가 필요했던 것이라는 사실을 알게 될 것입니다. 그의 복된 얼굴을 바라보게 될 때, 그의 손과 발의 못자국들을 보게 될 때, 우리는 모든 무감각에 대하여 수치감을 느끼게 될 것입니다.

이에 대하여 어떤 사람은 다음과 같이 말할지도 모르겠습니다.

"그 모든 것은 다 좋습니다. 하지만 당신이 말하고 있는 것이 참되다는 것을 어떻게 내가 확신할 수 있습니까? 어떻게 내가 그러한 소망에 대하여 확신을 가질 수 있습니까?"

히브리서 기자는 6장의 나머지 구절에서 이러한 질문에 대하여 답변해 주고 있습니다. 만일 여러분이 확신하기를 원한다면 성경의 역사를 살펴보라고 말합니다. 그는 바랄 수 없는 중에 바랐고, 소망할 수 없는 중에 소망했던 아브라함의 경우를 예로 듭니다. 아브라함은 소망을 가질 수 없는 가운데에도 하나님의 말씀을 믿었습니다.

그리스도인의 소망은 이처럼 확실해야 합니다. 하나님의 특성이 그 배후에 있기 때문입니다.

"우리가 이 소망이 있는 것은 영혼의 닻 같아서 튼튼하고 견고하여 휘장 안에 들어가나니"(히 6:19).

그리스도께서는 사망의 끈들을 산산이 끊어버리고 무덤에서 승리하여 일어나서 하늘로 올라가셨습니다. 바로 그것에 우리의 소망이 있습니다. 그분은 다시 오셔서 우리를 그 자신에게로 영접하실 것입니다. 그러므로 나는 여러분이 "동일한 부지런을 나타내어 끝까지 소망의 풍성함에 이르기"를 간절히 기원합니다.

3
참된 그리스도인의 제자도

"이러므로 제자 중에 많이 물러가고
다시 그와 함께 다니지 아니하더라
예수께서 열두 제자에게 이르시되 너희도 가려느냐
시몬 베드로가 대답하되
주여 영생의 말씀이 계시매
우리가 뉘게로 가오리이까"(요 6:66-68)

그리스도와 신앙에 전혀 관심을 갖지 않는다고 당당하고 솔직하게 말하는 사람과, 잘못된 사고를 가지고 그리스도를 따르는 사람을 비교하여 둘 중 어떤 사람이 더 위험한 상태에 있는가를 결정한다는 것은 흥미롭고도 유익한 문제라고 나는 생각합니다. 잘못된 이유를 가지고 그리스도를 따르는 자는 전혀 그리스도를 따를 마음을 가지고 있지 않는 사람만큼이나 하나님 나라 밖에 있다는 점에서 그 둘은 궁극적으로 아무런 차이가 없다고 서슴없이 말할 수 있을 것입니다. 이것은 전적으로 사실입니다.

하지만 인간적인 관점에서 이 두 사람을 판단하면, 이 양자간에는 중요한 차이점이 있다고 나는 생각합니다. 부정하고 잘못된 이유에서 그리스도를 따르는 사람에게 있어서의 문제는 그가 자신뿐 아니라 교회를 속이고 있다는 것입니다. 여러분이 그리스도를 믿지 않는다고 말하는 사람을 만나게 될 때는 그와 무슨 말을 하고, 무엇을 해야 하는지를 정확히 알게 됩니다. 그렇지만 어떤 사람이 자신을 신앙인으로 소개할 때 우리는 그를 의심의 여지가 없는 사람으로 생각하는 경향이 있습니다. 곧, 그러한 사람을 의심하는 것은 그에게 모독이 되는 것으로 생각하기 때문입니다. 우리는 그가 자신을 신앙인으로 소개하기 때문에 그를 그리스도인이라고 인정합니다. 그러한 사람이 살아 계신 하나님의 교회 내에 있다는 사실은 아주 심각한 문제 중의 하나입니다.

나는 교회의 문제점 가운데 하나가 바로 그러한 면이라고 확신합니다. 교회에 잘 나오기만 하면 무조건 참된 제자인 것처럼 생각하고, 입교하는 사람이면 모두 그리스도를 따르는 사람으로 쉽게 속단하는 것이 현실입니다. 물론 교회가 그렇게 속단하는 동기에는 좋은 목적이 있습니다. 즉, 사람들을 교회에 받아들여 세상의 많은 유혹에서 벗어나게 하려는 것입니다. 하지만 교회는 이러한 사람들을 참된 그리스도인들이라 여겨, 신앙의 본질을 제대로 다루지 않은 메시지를 계속해서 전해 줍니다.

바로 이런 이유에서 나는 교회가 매우 위험스러운 장소가 될 수 있다고 말씀드리는 것입니다. 왜냐하면 일단 교회에 들어왔다는 이유만으로 참된 그리스도인이 되기 위해 반드시 확인해야 하는 몇 가지 근본적인 문제에 대해서 간과하게 될 수도 있기 때문입니다.

매우 잘못된 사고를 가지고도 자신을 참된 그리스도인이라 여기는 사람에게는 실제적인 위험이 있습니다. 만일 여러분이 나에게 그 실례를 보이라고 한다면, 신약 가운데에서 쉽게 제시할 수 있습니다.

잘못된 동기를 가지고 그리스도인이 된 사람들

우리가 복음서에서 예수님의 생애를 읽어 보면, 예수님은 매우 두려운 마음으로 자신을 따르는 사람들이 그릇된 동기를 가지고 자기를 따르지 않도록 주의하고 계신 것을 알 수 있습니다. 여러분은 예수님이 그들에게 자신을 올바른 이유에서 따르고 있는지를 묻고 계시는 장면을 여러 번 발견할 수 있을 것입니다. 실제로 그분은 올바르고 참된 것을 붙잡지 않은 자들이 자신에게 관심을 가질까봐 몹시 염려하셨습니다.

어떤 사람들은 그리스도께서 생애 말년에 제자들에게 버림을 받으셨을 때, 그 이전에 이 일을 결코 예기치 못하였기 때문에 놀라움에 사로잡히셨다고 말할 것입니다. 하지만 성경은 결코 그렇게 말하지 않습니다. 우리 주님은 애초부터 그 가능성을 아셨습니다. 그리고 그분은 실제로 자기가 버림받게 될 것을 예언하셨습니다. 그분은 결국 무엇이 일어나려 하고 있는지를 확실히 아셨기에 자신을 따르는 자들에게 질문하실 때마다 큰 고통을 겪으셨습니다.

산상 보훈의 끝 부분에 보면 다음과 같은 충격적인 말씀을 접하게 됩니다.

"그날에 많은 사람이 나더러 이르되 주여 주여 우리가 주의 이름으로 선지자 노릇하며 주의 이름으로 귀신을 쫓아 내며 주의 이름으로 많은 권능을 행치 아니하였나이까 하리니 그때에 내가 저희에게 밝히 말하되 내가 너희를 도무지 알지 못하니 불법을 행하는 자들아 내게서 떠나가라 하리라"(마 7:22-23).

이들은 모든 것이 다 잘 되었다고 생각해 왔겠지만, 그날에 그들은 모든 일이 다 엉망이 되었다는 것을 깨닫게 될 것입니다.

또한 우리는 반석 위에 세운 집과 모래 위에 세운 집에 대한 비유를 기억합니다.

"너희가 무엇을 듣는가 조심하라. 너희 자신을 시험해 보고 살피라."

예수님의 비유 가운데는 그분을 따르는 자들 중 오직 25%만이 진리를 실제로 이해하였다고 말씀하시는 것처럼 보이는 씨 뿌리는 자에 대한 비유가 있습니다.

그리고 사람들을 구별하는 뜻을 담고 있는 그물에 걸린 좋은 물고기와 나쁜 물고기의 비유도 있습니다.

하지만 이러한 원리에 대한 가장 확실한 실례는 누가복음 9장 마지막 대목일 것입니다. 한 청년이 예수님께 달려와 "주여, 어디로 가시든지 저는 좇으리이다"(눅 9:57)라고 말하였습니다. 바꾸어 말하면, "다른 사람들은 어떠하든지 저는 전심전력을 다해 주님을 따르겠습니다"라는 뜻입니다. 어떤 사람들은 바로 이런 사람이 오늘날 하나님의 교회가 찾고 있는 사람이라고 말할지도 모릅니다. 물론 우리 주님은 팔을 벌려 그를 영접하셨음에 틀림없습니다. 하지만 예수님은 그 청년에게 "여우도 굴이 있고 공중의 새도 집이 있으되 인자는 머리 둘 곳이 없도다"(눅 9:58)라고 말씀하셨습니다. 그러면서 그리스도께서는 이 열광자에게 본질적인 질문을 던지셨습니다.

"너는 열심과 열정이 충만하구나. 하지만 잠깐만! 너는 나를 따른다는 것이 무엇을 의미하는지 깨달았느냐?"

그리스도를 따른다는 것은 사람들로부터 배척당하는 것을 의미합니다. 그것은 여러분이 인생에 있어 가장 소중히 여기는 것을 포기하는 것을 의미합니다. 그리스도의 제자가 되는 것이 정확히 무엇을 의미하는가를 알고 있는지 여러분 스스로 확인해 보십시오. 복음서를 읽어 보면, 우리 주님이 잘못된 이유로 자신을 따를 가능성에 대하여 사람들에게 계속해서 주의를 환기시키시는 구절들을 발견할 수 있을 것입니다. 신약 서신의 기자들도 초대 교회 사람들을 향하여 이 교훈을 반복해서 심어 주고 있습니다.

남은 자들

우리는 자신이 올바른 이유에서 주를 따르고 있는지, 아니면 잘못된 동기에서 그분을 따르고 있는지 자문해 볼 필요가 있습니다. 우리가 그리스도를 따르는 이유는 무엇일까요? 우리가 교회의 일원이 된다는 것의 정확한 의미와 의의는 무엇일까요? 이 질문을 본문에 비추어 살펴봅시다.

사도 요한은 "이러므로 제자 중에 많이 물러가고"(요 6:66)라고 기록합니다. 그리하여 열두 제자만 남게 되었습니다. 많은 사람이 물러가고 소수만이 남은 것입니다. 많은 사람이 잘못된 동기를 가지고 예수님을 따랐으며, 극히 소수만이 올바르고 참된 이유에서 그분을 따랐기 때문입니다. 그럼, 잘못된 동기로 그리스도를 따르는 유형을 몇 가지 살펴보겠습니다.

단지 주를 둘러싼 많은 군중을 보고 그분을 따랐던 사람들이 많았습니다. 오늘날에도 바로 그러한 이유로 교회에 나오게 된 사람들이 있습니다. 교회사에서 뿐 아니라 신약에서도 군중 심리가 분명히 있습니다. 언제나 군중에 합세할 준비가 되어 있고, 모든 사람이 하고 있는 일에 쉽게 매혹당하는 사람들이 있습니다.

어떤 사람들은 단지 자신들이 교회로 인도함을 받았다거나 다른 사람들이 그곳에 가는 것을 보았기 때문에 교회에 출석합니다. 그들은 한 번도 "나는 왜 교회에 나왔는가?"라고 자문해 보지 않는 사람들입니다. 그들이 교회에 나온다는 것은 올바른 일인 것처럼 보입니다. 그들의 부모와 조부모들이 그렇게 하였고, 교회에 출석하는 것이 그곳의 전통이 되었으며, 다른 사람들도 그렇게 합니다. 하지만 그들은 단지 흐름에 따라 움직이고 있을 뿐입니다. 하나님은 신자됨과 교회의 일원이 된다는 것이 무엇을 의미하는지를 진정으로 깨닫지 못한 사람이 무의미하게 교회에 왔다갔다하는 것을 금하고 계십니다.

요한복음 6:26에 보면, 그릇된 동기로 그리스도를 따르는 예가 나와 있습니다.

"예수께서 대답하여 가라사대 내가 진실로 진실로 너희에게 이르노니 너희가 나를 찾는 것은 표적을 본 까닭이 아니요 떡을 먹고 배부른 까닭이로다".

이 말씀이 의미하는 것은 무엇입니까? 예수님의 책망을 보면 이 사람들이 단지 돈과 물질적인 이익만을 염두에 두면서 그분을 따르고 있다는 것이 암시되어 있습니다. 그들은 주님께 예배하고 있는 것처럼 보였지만 실상 그들은 초자연적인 것에는 관심이 없었습니다. 그렇다면 그들은 왜 주님을 따랐습니까? 그것은 마음에 드는 것, 즉 떡을 그분에게서 받았기 때문이었습니다. 그들은 음식이 주어지기를 열망했으며, 그러한 이기적인 이유에서만 그분을 따랐던 것입니다.

이러한 이기적인 이유가 사람들이 교회에 나가는 매우 보편적인 이유인지는 모르지만, 직분이나 직위, 권세나 영향력을 주기 때문에 사람들이 교회에 나온다는 것은 참으로 비극적인 일입니다. 교회가 사업과 직업에 이익을 주기 때문에 사람들이 교회에 나간다는 것은 실로 슬픈 일이 아닐 수 없습니다. 그들은 심지어 개인적인 이익과 욕망을 위하여 교회를 이용하기도 합니다. 이들은 자신의 욕망과 만족이 채워진다는 이유로 그리스도를 따르는 것일 뿐입니다.

(우리는 영원한 심판을 받지 않으려고 속죄에 대한 교리에 관심을 가지고 그리스도를 따르는 자들도 이런 부류의 사람들 속에 포함시켜야 할 것입니다. 이러한 사람들은 자신의 거룩함을 위해서나 그리스도에 대한 사랑 때문이 아니라 지옥에 대한 두려움 때문에 그리스도를 따릅니다. 이들은 그리스도의 십자가를 그들의 죄를 덮기 위한 외투로 사용하는 자들인 것입니다. 그들은 그리스도가 하나님의 아들이시며 세상의 구주이시기 때문이 아니라 오로지 그들 자신의 목적을 이루기 위해 그분을 따릅니다.)

표적 때문에

신약에서 우리는 예수님을 그릇되게 따르는 또 다른 유형의 사람들을 볼 수 있습니다. 이 사람들은 요한복음 6:2에서 다음과 같이 묘사되어 있습니다.

"큰 무리가 따르니 이는 병인들에게 행하시는 표적을 봄이러라".

또 요한복음 2:23에서도 이와 유사한 사람들을 접하게 됩니다.

"유월절에 예수께서 예루살렘에 계시니 많은 사람이 그 행하시는 표적을 보고 그 일을 믿었으나".

이들은 신앙의 외적인 것들에 관심을 갖고 있었던 사람들이며, 이러한 경향은 이 시대에 더욱 두드러지게 나타나고 있습니다. 이들은 신앙의 진리보다는 신앙의 현상에 관심을 가지는 자들입니다. 이들은 예수님이 행하시는 이적 때문에 그분을 따릅니다. 그리스도의 이적과 능력이 그들의 흥미를 끄는 것입니다. 따라서 초자연적인 능력이 발휘되는 곳이라면 그들은 언제나 쫓아갑니다.

우리 주 예수 그리스도는 많은 이적을 행하셨지만 이적을 행하는 데 있어서 매우 신중한 태도를 보이셨습니다. 많은 이적을 행하시는 목적과 취지는 그분 자신의 능력을 드러내기 위해서였습니다. 그러나 흥미로운 것은, 그분은 이적을 행하는 사람보다 이적 자체에 더 많은 관심을 두는 사람들, 곧 능력보다 현상에 더 많은 관심을 두는 사람들에게는 이적을 보이지 않으셨다는 사실입니다.

예수 그리스도는 지금도 하나님의 은혜로 이 죄악된 세상에서 이적들을 행하시고, 사람들의 삶을 변화시키십니다. 그렇기 때문에 그리스도 예수 안에서 하나님의 나라와 관련하여 지금도 영광스러운 현상들이 일어나고 있는 것입니다. 하지만 단지 이적들을 행하고, 권세 있는 행위를 나타내 보이며, 능력을 과시하기 위하여 그분이 이 세상에 오신 것은 아닙니다. 그분은 바로 우리의 삶을 변화시키기 위해 오셨습니다. 그분은 먼저 선한 일에 대하여 특별히 열심 있는 자들을 그 자신에게 모으기 위해 오셨습니다. 그분은 사람들을 하나님과 화해시키고, 우리에게 진리를 알려 주려고 이 세상에 오셨습니다. 그러므로 우리는 진리 자체보다는 단지 현상들에 더 많은 관심을 가지고 주님을 따르지 않도록 조심해야 합니다.

요한복음 6:14-15에는 다음과 같은 사람들이 나옵니다.
"그 사람들이 예수의 행하신 이 표적을 보고 말하되 이는 참으로 세상에 오실 그 선지자라 하더라 그러므로 예수께서 저희가 와서 자기를 억지로 잡아 임금 삼으려는 줄을 아시고 다시 혼자 산으로 떠나가시니라".

여기서 우리는 예수님과 그분의 메시지를 완전히 오해하고서 그를 따랐던 흥미로운 사람들을 만날 수 있습니다. 그들이 본 이적은 무엇이었습니까? 그것은 5천 명을 먹이신 이적이었습니다. 본문에 따르면 이들은 여러 날, 어쩌면 몇 주간 동안 주님을 따랐는지도 모릅니다. 그들은 예수님의 모든 말씀을 경청했지만 "이는 메시야이시며, 오실 그 선지자이시도다."라고 고백한 것은 순전히 이적을 보았기 때문이었습니다. 그래서 그들은 주님에게 접근하여 억지로 예루살렘으로 데리고 가서 왕으로 삼고자 한다고 공모한 것입니다. 하지만 예수님은 그들의 의도를 간파하시고 산으로 물러가셨습니다.

이 유대인들은 하늘나라를 정치적인 개념으로 생각하고 있었습니다. 그들은 메시야를 정치적인 해방자, 자신들을 로마 제국의 속박으로부터 구하여 내고 예루살렘에서 왕이 되어 그들의 원수와 세상을 다스릴 사람으로 여겼던 것입니다. 하지만 예수님은 마음속으로 그러한 생각을 가지고 자신에게 접근하는 그들에 대하여 저항하셨습니다. 그러자 결국 그들은 예수님을 떠나버렸던 것입니다.

예수님을 정치 운동가나 사회 개혁자로 생각하는 사람들이 오늘날에도 많이 있습니다. 또 하늘나라를 세속적이며 정치적인 것으로 생각하는 사람들도 많습니다. 교회의 주요 기능들 중 하나는 세상의 사회 문제를 취급하고, 인간의 삶의 여러 부분과 행보에 참여하며, 산업과 정치·국제 관계들에 관련된 중요한 문제들을 결정하는 것으로 생각하는 사람들이 많이 있습니다. 예수님을 이렇게 생각하는가 하면, 또 한편에서는 그분을 감수성이 예민하여 세상과 접촉조차 하지 않는 나약한 갈릴리 사람으로 여기는 이들도 많이 있습니다. 또한 어떤 이들은 그분을 위대한 예술가나 수도사로 생각하기도 하고 누구와 비길 수 없는 철학자로 생각하기도 합니다. 그리고 또 다른 이들은 그에 관한 책인 성경을 마치 주옥 같은 문학의 집대성인 양 접근하기도 합니다.

만일 교회에서 이런 식으로 믿는 자들을 모두 제거한다면 얼마나 많은 사람이 남게 될지 매우 궁금합니다. 나는 이런 사람들이 많으리라는 것과 그들에 대한 묘사 중 '많은'이란 형용사가 엄청나게 높은 비율을 나타낼 것이 두렵습니다.

제자에 대한 시험

나는 감히 여러분에게 "여러분은 그리스도를 따르고 있습니까?"라는 질문을 던지고 싶습니다. 예전에 여러분은 이러한 질문을 받아 본 적이 있습니까? 앞에서 언급한 사람들은 그리스도를 따르고 있었습니다. 그들은 수일 동안 그분과 함께 있었으며, 자신들을 그분의 제자라고 여겼습니다. 그러나 그들 중 많은 사람들이 더 이상 그와 동행하지 않고 떠났습니다. 왜 여러분은 예수 그리스도를 따릅니까? 여러분은 올바른 이유를 가지고 그분을 따르고 있습니까, 아니면 잘못된 이유로 그분을 따르고 있습니까?

무엇이 그리스도를 따르는 데 있어 참된 이유가 되겠습니까? 이에 대한 답변을 우리는 시몬 베드로의 위대한 고백에서 찾을 수 있습니다.

"예수께서 열두 제자에게 이르시되 너희도 가려느냐 시몬 베드로가 대답하되 주여 영생의 말씀이 계시매 우리가 뉘게로 가오리이까 우리가 주는 하나님의 거룩하신 자신줄 믿고 알았사나이다"(요 6:67-69).

본문은 우리 주님이 열두 제자의 믿음을 시험하셨음을 보여주고 있습니다. 많은 사람들이 되돌아갔습니다. 이때 주님이 말씀하셨습니다.

"너희도 보듯이, 저들이 떠나가고 있다. 저들은 너희들과 동일한 설교를 들었으며, 동일한 이적을 본 사람들이다. 너희와 그들은 똑같은 상황에 있느니라. 너희도 그들과 함께 가기를 원하느냐? 너희도 그들과 똑같은 이유에서 나를 따라왔느냐? 만일 너희가 그렇다면 나는 너희와 함께하지 않겠다. 너희도 가려느냐?"

이에 대해 시몬 베드로는 믿음과 확신을 가지고 대답했습니다. 그의 대답에는 그리스도인의 참된 제자도가 담겨져 있습니다. 베드로의 답변은 무슨 의미이겠습니까? 그의 말을 자세히 분석해 봅시다.

베드로는 이렇게 말했습니다.
"주여, 우리가 뉘게로 가리이까?"
우리는 이 말을 감정적으로 해석해야만 할까요? 베드로는 우리 주를 향하여 다음과 같은 의미로 말하였을까요?
"우리는 경이로운 시간을 함께 보내왔으므로 주님 없이는 삶이 불가능하오니이다."
이것이 감정적인 애착을 나타낸 말이었습니까? 물론 그러했습니다. 그러나 그의 말은 또한 그 이상의 의미를 가지고 있습니다. 그의 말은 믿음에 대한 심오한 정의이기도 합니다. 베드로가 주님께 물었습니다.
"우리가 뉘게로 가오리까?"
그가 이와 같이 말할 수 있었던 것은 자신은 스스로를 구원할 수 없다는 것을 깨달았기 때문입니다. 그는 오래 전에 자신의 무력함을 깨달았으며, 구원받기 위해 누군가를 찾았습니다. 베드로는 단지 자신이 스스로를 구원할 수 없다는 것을 인정하는 정도에 멈추지 않았습니다. 즉, 그는 이제 오직 그리스도만이 자기를 구원할 수 있다는 확신을 아주 명백하게 고백하기에 이른 것입니다.

베드로는 말합니다.
"나는 나 자신을 구원할 수 없습니다. 그리고 다른 사람도 나를 구원할 수 없습니다."

그리스도인의 신앙 고백에는 근본적으로 언제나 이렇게 자신에 대한 부정적인 고백이 있습니다. 여러분은 무엇을, 그리고 누구를 믿고 있습니까? 그리스도를, 선택할 수 있는 여럿 중 하나로 생각하는 사람은 진정한 그리스도인이 아닙니다. 죽음과 영원에 대하여 생각할 때 여러분은 무엇을 붙잡습니까? 여러분은 아직도 우리가 진보하고 발전하고 있는 것으로 가정하는 세상의 망상을 신뢰하고 있습니까? 여러분은 아직도 지적인 학식만 있으면 하늘나라에 들어가게 할 수 있다고 맹신적으로 상상하고 있습니까?

베드로는 "나는 나 자신을 구원할 수 없나이다. 사람은 누구도 나를 구원할 수 없나이다. 그러나 주께서는 나를 구원할 수 있으심을 믿나이다."라고 말했습니다. 그리고 그는 자기가 그렇게 믿고 있는 이유를 다음과 같이 밝힙니다.

"주는 그리스도시요 살아계신 하나님의 아들이시니이다 주께 영생의 말씀이 있으매".

베드로는 예수님의 얼굴에서 하나님을 보았던 것입니다.

여러분은 언제나 시몬 베드로와 같은 입장을 취해 왔습니까? 여러분은 영적으로 처참하게 실패하였으며 자신의 힘으로는 도저히 헤어나오지 못할 것 같은 죄악을 실감해 본 적이 있습니까? 그리고 여러분은 그리스도께 다음과 같이 말씀드린 적이 있습니까?

"주께서 나를 구원해 주셔야만 하옵니다. 오직 주만이 나를

있나이다. 그러므로 우리는 주가 그리스도시요, 살아 계신 하나님의 아들이심을 믿고 확신하나이다."

구원하실 수 있나이다."

베드로는 그리스도가 살아 계신 하나님의 아들이시라고 공언하는 것으로 만족하지 않았습니다. 그는 또 이렇게 덧붙여 말합니다.

"우리는 주를 떠날 수 없나이다. 주님에게만 영생의 말씀이 있기 때문입니다."

다른 사람들도 그리스도를 따랐습니다. 그들도 그분의 설교를 들었습니다. 그리고 그분의 이적을 보았습니다. 그런데 우리 주께서는 자신을 하늘에서 내려온 만나에 비유하셨고, 계속하여 말씀하시기를 자신은 산 떡이며 사람이 만일 자신의 살을 먹지 아니하면 그들은 결코 영생을 얻지 못하리라고 하셨습니다. 그의 제자들 중 많은 이들이 이 말씀을 듣고는 "이것은 어려운 말이로다"라고 생각했습니다. 그리고 결국 그들은 이 말씀 때문에 그리스도를 떠났습니다. 예수님은 사람들에게 자신의 살을 먹고 자신의 피를 마시는 것에 대하여 말씀하셨으며, 그것을 영생의 조건으로 삼으셨습니다. 이에 대하여 사람들은 "어떻게 그것이 가능할 수가 있습니까?"라고 불쾌한 투로 질문했습니다. 하지만 베드로는, "나도 그것을 전혀 이해할 수 없다. 그러나 나는 그것을 믿노라."고 말했습니다.

여러분, 나사렛 예수가 하나님의 아들이심을 믿는 것만으로는 충분하지 않습니다. 그분의 이적을 믿는 것으로도 충분하지 않습니다. 상처 입은 몸과 피 흘림을 통하여 그분이 우리의 구원을 성취하신다는 것을 믿을 때에만 우리는 그분을 진실로 따를 수 있는 것입니다.

여러분은 이렇게 말할 것입니다.

"나는 속죄에 대한 교리를 이해하지 못합니다. 나는 그것의 깊이를 잴 수도 없습니다. 그것은 불가사의하게 보이며, 부도덕하게까지 보입니다."

하지만 나는 여러분에게 그 모든 것을 이해하라고 요구하고 싶지는 않습니다. 시몬 베드로는 그것을 이해하지는 못하였지만 받아들였으며, 그는 자신의 생명을 그리스도께 맡겼습니다. 예수 그리스도께서는 우리가 받아야 하는 채찍질로 상처를 받으시고 십자가에 못박혀 대신 죽으심으로써, 우리를 우리의 죄로부터 구원해 주셨을 뿐 아니라 죄의 권세와 오염으로부터 구원해 주셨습니다. 그리고 그분은 우리 앞에 서서 "너희도 가려느냐?"고 말씀하고 계십니다.

수많은 사람들이 예수님으로부터 떠나고 있습니다. 많은 나라, 아니 온 세계가 점점 비신앙적인 쪽으로 기울어지고 있으며, 사람들은 지적인 자만심으로 하나님의 말씀을 거절하고 있습니다.

주님은 지금도 우리에게 이런 질문을 던지고 계십니다.

"너희도 가려느냐?"

우리 모두 함께 그분에게로 가서 시몬 베드로처럼 다음과 같이 말하지 않으시겠습니까?

"주여, 우리가 뉘게로 가오리이까? 주님께만 영생의 말씀이 수 있을 것입니다.

　제1차 세계 대전 중에도 이러한 의문에 직면했던 사람들이 많았습니다. 그들은 전쟁의 소용돌이에 휘말려 있는 세상과 그들이 개인적으로 겪은 사건 속에서 도저히 사랑의 하나님을 상상할 수 없었습니다. 세속적이며 죄악된 삶을 사는 사람들이 살아서 버젓이 거리를 활보하는 데 비해 고귀한 인격을 갖춘 청년들이 전사하는 상황에서, 사람들은 하나님이 '사랑의 하나님'이라는 개념을 받아들일 수 없었던 것입니다. 그 결과 그들 중 많은 이들이 기독교에 대하여 등을 돌리게 되었습니다.

　오늘날도 사악한 자들이 번영하는 동안 경건한 사람들은 재정적인 문제를 비롯한 갖가지 어려움에 둘러싸여 있습니다. 이들은 자신이 처한 상황을 자기가 읽은 신약의 가르침과 어떻게 조화시켜야 할지 난감해 합니다.

　계속하여 건강하지 못한 상태에 있는 사람들도 있습니다. 또 사랑하는 자녀를 잃는 자들도 있습니다.

　많은 사람들이 이러한 시련과 고난을 경험하고 있으며, 그들은 비록 복음이 위대하고도 영광스러운 약속을 하고 있지만 하나님은 웬일인지 그러한 약속을 지키지 못하신다는 결론에 이릅니다. 그 이유 때문에 이들이 기독교를 떠나고, 또 교회에 충성스럽게 남아 있는 다른 사람들도 이와 비슷한 느낌과 의심을 갖고 있습니다. 나는 후자의 사람들에게 히브리서 12:10을 말씀드리고 싶습니다.

4
고난의 문제

"또 우리 육체의 아버지가 우리를 징계하여도
공경하였거든 하물며 모든 영의 아버지께
더욱 복종하여 살려 하지 않겠느냐
저희는 잠시 자기의 뜻대로 우리를 징계하였거니와
오직 하나님은 우리의 유익을 위하여
그의 거룩하심에 참예케 하시느니라"(히 12:9-10)

히브리서 12장에는 본 서신의 저자가 고난, 특히 그리스도인의 삶과 관련된 고난의 문제를 다루고 있다는 사실이 분명하게 나타나 있습니다. 저자가 히브리서를 쓴 것도 바로 이런 이유 때문입니다. 주의 재림이 실현되지 않고 더군다나 신앙으로 인해 박해를 받고 있었기 때문에 당시 그리스도인들은 매우 의기소침한 상태에 있었습니다. 그들의 신앙으로는 그런 상황을 이해할 수 없었습니다.

이러한 복음의 약속이 실현되지 않음으로 인해서 생기는 실망은 그리스도인에게 큰 고통을 가져다 준다고 나는 생각합니다. 만일 우리가 기독교가 조직화될 그 당시에 기독교를 떠난 사람들을 조사해 보면 대부분이 기독교의 가르침, 특히 하나님의 사랑이라는 관점에서는 결코 이해할 수 없는 시험과 고난이 자기에게 닥쳐왔다는 이유 때문이었다는 사실을 발견할

"저희는 잠시 자기의 뜻대로 우리를 징계하였거니와 오직 하나님은 우리의 유익을 위하여 그의 거룩하심에 참예케 하시느니라".

이상에서 언급된 것들과 같은 상황에 대해 신약은 어떻게 답변하고 있을까요? 실제 삶에서는 복음의 약속이 실현되지 않는다고 느끼는 사람에게 성경은 어떤 답변을 해줄까요?

일반 법칙

우리는 이러한 사람들에게 대개 인간적인 이성에서 나온 답변을 해줄 수밖에 없습니다. 사실 그리스도인들은 상식을 자신들이 직면한 상황에 적용시키지 않기 때문에 침울하게 되는 경우가 많습니다. 인간의 상식에서 보면, 살면서 겪게 되는 어려움들은 기독교 신앙과는 전혀 무관하게 모든 인간들에게 똑같이 일어납니다. 즉 많은 사건들이 기독교인, 비기독교인을 불문하고 똑같이 일어난다는 것입니다.

그리스도인은 이 세상에 속하지 않으면서도 이 세상 안에 있으며, 세상을 지배하는 일반적인 법칙 안에서 살고 있습니다. 또한 그리스도인은 그가 속해 있는 국가의 한 시민이며, 그 국가에서 일어나는 문제에 영향을 받습니다. 게다가 그리스도인들만이 고난을 겪지는 않습니다. 그들만이 사업에서 어려운 일들을 맞게 되는 것은 아닙니다. 우리는 어려운 일들이 경건한 사람들에게만 일어난다고 말하는 시편 73편의 저자와 의견을 같이하는 경우도 있지만, 비록 우리 자신에게 일어나는 나쁜 일들을 냉정하게 분석하는 것이 어렵다 하더라도 그리스도인들 역시 다른 사람들과 마찬가지로 고난을 겪는다는 사실을 발견하게 될 것입니다.

성경의 계시를 떠나서 인류의 세속사를 살펴보더라도 기독교인에게 마술 같은 삶이 보장되지는 않았다는 것을 쉽게 알 수 있습니다. 그런데 이상하게도 우리 모두는 일단 그리스도를 믿기만 하면 그 후부터는 언제나 행복하게 살게 될 것이라고 생각합니다. 즉, 하나님이 기적적으로 보호해 주시는 매력적인 삶을 살게 될 것이며, 인생이 평안과 행복으로 가득 찰 것으로 생각합니다. 하지만 실제의 역사는 이러한 생각이 전적으로 잘못된 것임을 입증합니다. 우리의 생각과는 정반대로 역사는 그리스도인의 삶에 다른 사람들보다 더 많은 고난이 기다리고 있음을 보여 줍니다.

우리는 믿음 때문에 박해를 받은 그리스도인들에 대한 기록을 읽어 볼 수 있습니다. 역사 속에서 그리스도인의 삶은 매력적이고 아름다운 것과는 거리가 멉니다. 바울 사도가 빌립보 교인들에게 쓴 서신을 통해서도 이 사실을 알게 됩니다.

"그리스도를 위하여 너희에게 은혜를 주신 것은 다만 그를 믿을 뿐 아니라 또한 그를 위하여 고난도 받게 하심이라"(빌 1:29). 그러므로 우리는 상식을 우리의 상황에 적용하지 않고서 곤경과 문제 때문에 낙담하거나, 그러한 상황을 일반적인 관점에서 생각해 보기도 전에 불평하는 습관을 버려야 합니다.

성경의 간접성

우리는 신약이 우리가 우연히 직면하는 모든 문제에 대하여 엄밀하고도 정확한 답변을 제공하지는 않는다는 사실을 깨달을 필요가 있습니다. 그리스도인들은 신약이 직접적인 답변을 제공해야만 한다고 생각하는 것 같습니다만, 사실은 그렇지가 않습니다. 신약은 문제를 해결할 수 있는 일반적인 원리를 가지고 있을 뿐입니다.

게다가 신약은 그러한 문제들을 결코 직접적으로 다루지 않고 언제나 간접적으로 다루고 있습니다. 신약이 반드시 직접적인 위로를 베푸는 것은 아니라는 말입니다. 많은 이들은 신약을 마치 어떤 종류의 약품, 곧 자신들이 어떤 문제로 괴로워할 때 복용할 수 있는 최상의 약으로 취급하며, 그 약을 복용하면 즉시 기분이 좋아지게 될 것이라고 생각합니다. 그리고 그들은 직접적인 결과를 기대합니다. 이런 사람들은 자신들이 보다 기분 좋게 느껴지도록 하기 위해서 교회에 올 위험이 있습니다. 그러나 우리는 하나님께 예배하기 위해 교회에 나와야지 어떤 문제들을 망각하기 위해 와서는 안됩니다.

나는 불면증에 대한 가장 좋은 치료제는 시편을 읽는 것이라고 주장하는 사람들을 만나본 적이 있습니다. 그 시의 장려함, 단어들의 억양과 명랑하고 쾌활한 리듬이 사람을 진정시키고 위로하므로 곧 잠에 떨어지게 된다는 것입니다. 그러나 이렇게 하는 것은 성경을 남용하는 일입니다. 이러한 것은 성경을 간접적으로 보다는 직접적으로 사용하는 것, 즉 성경을 일종의 약이나 수면제, 흥분제로 사용하는 것입니다.

우리는 화려하고 외적인 것들을 영적인 것과 혼동하기 쉽습니다. 서신서의 저자들은 단지 위로해 주려고 서신을 쓴 것이 아닙니다. 히브리서 기자는 결코 다음과 같이 말하지 않습니다.
"너희는 훌륭한 사람들이라. 너희는 실로 멋지게 행하고 있도다. 만일 너희가 계속하여 그렇게 하기만 한다면 모든 것이 잘될 것이다."
천만의 말씀입니다. 그는 그들을 질책하고 경고할 뿐 아니라, 매우 가혹하게 대하고 있음을 볼 수 있습니다.

이 모든 말씀이 즉각적이며 직접적인 위로를 바라는 우리 현대인의 귀에는 지극히 이상하게 들릴 것입니다. 하지만 바로 이것이 신약이 가르치고자 하는 진정한 의도입니다. 그것은 우리에게 교리를 제공해 주고, 우리를 지적인 인간으로 대합니다.
신약은 이렇게 말합니다.
"잠시 너희 발로 서라. 여기에 교리가 있느니라. 그것을 너희 스스로 행하라."
그리고 이것이 바로 히브리서 기자가 히브리서 12:10에서 말하고 있는 바입니다. 그는 이성적으로 논리를 펴고 있습니다. 히브리서 기자는 그들에게 직접적인 위로가 아닌 간접적인 위로를 하고 있습니다.

그리스도인의 반석

 히브리서 기자는 자신이 절대적으로 확신하는 가운데 시작해야만 한다고 말합니다. 바로 이 방식이 문제를 대하는 유일한 방식이 되어야 합니다. 과학자는 언제나 밝혀진 사실에서 출발해서 밝혀지지 않은 영역으로 연구를 진행합니다. 밝혀지지 않은 영역에서 출발하는 과학자는 단 한 사람도 없을 것입니다. 그들은 자신이 전적으로 확신하는 근거 위에서 연구를 시작하는 것입니다.

 마찬가지로, 히브리서 기자는 그의 독자들에게 그리스도인의 삶의 문제에 대하여 바로 그와 똑같은 원리, 즉 그들이 전적으로 확신하는 원리에서 시작해야만 한다고 말합니다.

 나도 어떤 문제에 직면할 때가 있습니다. 그럴 때 나는 먼저 내가 확신하는 것이 무엇인가를 확인하는 데서 시작합니다. 그것은 곧 하나님은 나의 아버지시며, 하나님은 예수 그리스도 안에서 사랑이시라는 것입니다. 나에게 어떤 일이 일어나든 간에 나는 이 말씀을 정말 확신할 수 있습니다.

 우리는 히브리서에서 위대한 성도들을 만날 수 있으며, 하나님이 계속해서 그의 백성을 다루고 계심을 알 수 있습니다. 우리는 하나님이 자신의 백성들에게 선지자, 왕, 사사들을 보내셨으며, 마침내 때가 이르자 그의 아들을 보내시어 이와 같은 세상에 살게 하셨음을 알게 됩니다. 우리는 하나님이 독생자를 아끼지 않으시고 우리 모두를 위하여 그를 죽음에 넘겨 주셨다는 사실을 깨닫게 됩니다.

 우리는 그렇게 하신 하나님이 바로 우리의 아버지시며, 사랑의 하나님이심을 알게 됩니다. 그러므로 나는 어떠한 일이 일어나더라도 조금도 염려하지 않습니다. 나는 나에게 닥치는 모든 문제들을 대할 때마다 '하나님은 사랑이시라'는 말씀을 상기합니다. 하나님은 심지어 우리가 자신을 대적할 때도 우리를 용서하시는 분입니다. 바로 이것이 나의 반석입니다.

 이러한 반석을 내가 어떻게 나의 구체적인 문제와 연결시킬 수 있을까요? 나는 사랑의 하나님을 나에게 일어나고 있는 문제들과 어떻게 조화시켜야만 하겠습니까? 먼저 나는 우리 아버지이신 하나님은 우리의 행복에 대해서보다는 우리의 거룩함에 대하여 훨씬 더 많은 관심을 갖고 계시다는 것을 말씀드리고 싶습니다. 이것이 모든 문제를 해결하는 기본 열쇠입니다. 우리는 하나님을 우리 아버지로 생각하길 좋아하지만, 예수님이 기도하실 때 하나님을 거룩하신 아버지로 부르셨다는 것은 망각합니다. 우리 모두 하나님은 거룩하시다는 것과, 그분의 시각은 우리의 시각과 다르다는 점을 기억합시다.

 우리는 삶의 표준들을 행복에 두는 경향이 있습니다. 우리는 모든 것을 우리 자신의 이상에 따라, 우리 자신의 방식으로 소유하기를 바랍니다. 우리를 슬프게 하거나 고통스럽게 하는 어떤 일이 일어나면 우리는 즉시 하나님의 사랑을 의심하기 시작합니다. 그래서 우리는 자신이 죄인이라는 것과 하나님은 거룩하시다는 사실을 망가합니다.

하나님의 소망은 그분 자신이 거룩하심같이 우리가 거룩해지는 것입니다. 우리가 하나님의 소망에 따라 살고자 하는 순간 우리는 자신이 그리스도인이면서도 여전히 육신에 속해 있다는 것을 깨닫게 됩니다. 우리 안에는 여전히 옛 성품이 있으며, 어떤 외적인 위로들을 바라며, 우리의 삶을 즐기기 위해 안주하려는 경향이 있습니다. 우리는 하나님이 우리를 위해 예비해 놓으신 그 영광스러운 유업을 향해 전진해 나아가는 대신에, 다시금 죄에 빠질 위험이 있습니다. 그렇지만 우리의 아버지로서 하나님은 우리에게 최상의 것을 바라십니다.

히브리서 기자는 육신의 부모 비유를 사용하는데, 그것은 아주 적절한 예증입니다. 예를 들어, 어떤 소년이 있는데 이 소년은 다른 아버지들은 허락하는 일을 유독 자기 아버지만 부당하게 허락하지 않는 것으로 생각한다고 상상해 봅시다. 이때 그 소년은 차라리 다른 아버지가 자기 아버지였으면 좋겠다고 생각합니다. 그는 아버지의 마음을 이해하지 못하고 있는 것입니다. 하지만 그의 아버지는 진심으로 자기 아들에게 무엇이 유익한가를 생각하고 있는 것입니다. 그 아버지는 자기 아들이 특별한 목표에 이르러야 한다고 결정했기 때문에 아들에 대하여 어떤 것들을 금하고, 어떤 다른 것들을 행하도록 강요합니다.

하늘나라에 이를 때, 우리는 현재 우리를 곤란하게 만들었던 사건 속에서 하나님의 사랑의 손길을 더욱 명백하게 볼 수 있을 것입니다. 그때 우리는 하나님이 우리의 인격에서 거친

부분과 모순된 부분을 어떻게 제거하셨으며, 우리와 하나님의 사이를 가깝게 하기 위해서 어떻게 우리 삶에 개입하셨는가를 분명히 알 수 있을 것입니다.

히브리서 기자가 지적하는 또 한 가지는 하나님은 이 세상을 단지 일종의 예비 학교로 계획하셨다는 것입니다. 히브리서는 일관되게 이 세상에는 우리가 계속하여 머무를 도성이 없으며, 우리는 오는 세상에서 다른 도성을 찾아야 한다고 말합니다. 그렇지만 우리는 마치 이 세상이 유일한 삶이고, 유일한 세상인 것처럼 살기를 고집합니다. 우리는 계속하여 우리의 계획들을 오직 시간에 맞추어 세우고 영원에 대하여는 망각합니다.

하지만 히브리서에 따르면, 이 세상은 예비 학교 그 이상이 아닙니다. 그리고 죽음은 위대한 입학식입니다. 우리는 영원하고 위대한 대학에 입학하기를 즐거움으로 기다립니다. 그렇기 때문에 현세의 시간은 순례하는 것에 불과합니다. 이 세상은 진실로 우리의 고향이 아닌 것입니다. 이 세상은 잠시 지나가는 타향일 뿐입니다. 우리는 지금 하나님과 영원히 평화롭게 동거할 세계를 향해 가고 있습니다. 만일 우리가 현세의 삶을 이러한 방식으로 볼 수만 있다면, 이 세상에서의 삶은 우리의 성격과 사상을 변화시키고, 우리의 문제들을 해결하는 데 도움을 줄 것입니다.

우리는 속박에서 벗어나고 싶어하며 시험에서 해방되고 싶어하는 학생과 같습니다. 하지만 하나님은 우리에 대하여 더 큰 관심을 가지시며, 무엇이 우리에게 유익한지를 아시므로 삶을 통하여 우리를 훈련시키십니다. 하나님은 학교에서 학생들에게 구구단을 외우게 만드는 것처럼 우리가 아주 초보적인 원리들과 영적 전투를 하도록 인도하셨습니다. 따라서 우리에게 시련이 되는 많은 사건들은 언젠가 우리로 흠이나 티 없이 발견되게 하는데 불가결한 요소임이 입증될 것입니다.

하나님은 우리의 살아 계신 아버지시며, 자신이 거룩한 것처럼 우리도 거룩하기를 바라십니다. 그리고 그분은 인생이라 불리는 이 예비 학교에서, 우리가 궁극적으로는 영원한 기쁨을 누리며 그와 함께 있도록 우리를 가르치고 훈련시키십니다.

하나님은 우리가 여러 가지 문제와 시련을 겪게 될 때 이 어려움을 믿음안에서 논리적으로 생각할 수 있게 만드시며, 마침내 우리가 환난 중에서도 소망을 가지고 기뻐할 수 있게 하십니다. 이처럼 환난은 우리를 하나님께로 더욱 가까이 인도해 주는 영혼의 지름길이기도 합니다.

5
자아 만족적인 불신앙

"이에 다섯 사람이 떠나 라이스에 이르러 거기 있는 백성을 본즉
염려 없이 거하여 시돈 사람같이 한가하고 평안하니
그 땅에는 권세 잡은 자가 없어서 무슨 일에든지
괴롭게 함이 없고……"(삿 18:7)

사사기 18장은 구약에서 고찰할 가치가 있는 중요한 말씀 중의 하나입니다. 이 말씀에서 가장 우리의 흥미를 끄는 것은 그 자체가 가지고 있는 현대성입니다. 그것은 사사기 18장의 말씀이 우리가 살고 있는 이 시대의 정확한 해설서처럼 여겨지기 때문입니다.

본문은 부락을 형성하기에 적절한 곳을 찾아 자기 나라를 떠나기로 결정한 시돈 사람들에 대한 이야기입니다. 정확히 어떤 이유로 그들이 그러한 결정을 내렸는지는 확실하지 않습니다. 세금 문제 혹은 성읍의 방어 문제로 인하여 그 지역을 떠났는지, 아니면 그 땅에 인구가 넘쳐서 다른 지역으로 떠나기로 결정했는지 그것은 모르겠습니다. 하지만 본문의 전후 구절들을 읽어 보면서 나는 그들이 이동하게 된 이유가 게으른 태도에서 비롯되었다고 믿게 되었습니다. 어쩌면 그들은

더 비옥하고 최소한의 수고로도 더 많은 수익을 안겨줄 땅을 찾아나선 것 같기도 합니다.

별로 힘들이지 않고 그들은 최적지를 발견해서 그곳에 정착하였습니다. 본문에서 우리는 "그들이 염려없이 거하며 시돈 사람같이 한가하고 평안하니", "그 땅에는 권세 잡은 자가 없어서"라는 말을 읽어 볼 수 있습니다. 다시 말하면, 그들은 온순하고 평화를 사랑하는 사람들이었습니다. 그들은 어느 사람과도 관계하기를 원치 않았으며, 외부로부터 있을 법한 공격을 방어하는 문제에 대해서 조차도 무관심하였습니다. 그래서 정탐꾼들이 그 땅에 나타났을 때도 그들은 주의하지 않았던 것입니다. 그들은 결코 누구도 공격하려고 생각지 않았으며, 자신들이 공격의 대상이 되리라는 생각도 하지 않았던 것입니다.

우리가 시돈 사람들에 대하여 읽어볼 수 있는 다른 또 한 가지는, 그들이 함께 거주하던 자들로부터 멀리 떠나 있었다는 것과 "아무 사람과도 상종하지 아니하였다"는 것입니다. 그들은 고국을 떠나서 한 지역에서 완전히 고립되어 살았습니다. 그들은 형제들과 전혀 교제하지 않았을 뿐 아니라 그 누구와도 아무런 관계를 맺지 않았습니다. 그리고 그들은 전적으로 자급하고 있었으며, 매우 한가로운 삶을 사는 독립적인 집단이었습니다.

만일 단 자손들이 어려운 상황에 처해 있음을 자각하지 못했다면, 그들 역시 계속해서 같은 방식으로 살아갔을 것입니다. 단 지파는 살 곳을 마련하기 위해서 다섯 명의 정탐꾼을 보냈습니다. 이 정탐꾼들은 시돈의 이주민들이 거주하는 땅에 들어갔습니다. 그들은 그 땅이 바로 자신들이 원하는 곳임을 알고 상부에 보고하였으며, 6백 명이 완전 무장을 하고 즉시 집결하여 그 지역으로 내려가 아주 쉽게 그곳을 쑥밭으로 만들었습니다. 그곳은 시돈과 멀리 떨어져 있고 다른 사람들과 교류도 없었기 때문에 이 시돈 사람들은 사전에 아무런 정보도 입수할 수 없었던 것입니다. 그래서 그들은 단 수분 만에 완전히 정복되었으며, 그들의 땅은 단 자손들의 손에 넘어갈 수밖에 없었습니다.

나는 이 말씀에서 오늘날 세계의 전반적인 상황뿐 아니라, 특히 신앙적인 상황에 대해서 완벽한 묘사를 하고 있다는 것을 여러분에게 말씀드릴 수 있습니다. 사실은 본문을 세계적인 상황 측면에서 다루고자 하는 생각도 있으나, 이 설교에서는 종교적인 측면을 주로 다루고자 합니다. 왜냐하면 결국 근본적으로 가장 중요한 것은 신앙적인 문제이기 때문입니다.

여러 형태의 비신앙

우리 모두는 비신앙이 여러 형태를 띨 수 있다는 것을 망각하기 쉽습니다. 우리는 언제나 하나님에 대한 비신앙과 적대감을 어떤 특정한 부류나 집단에 속한 것으로 생각하고 싶어 합니다. 만일 우리가 지난 세기 말의 우리의 조상들을 과감히 비판해도 좋다면, 나는 이 문제가 그들의 중요한 실수라고 말하겠습니다. 그들은 특정 죄악만 죄로 취급하였습니다. 그 결과 우리는 이런 저런 죄와 싸우기 위해 갖가지 조직을 만들게 되었습니다. 그들은 자신들이 특별한 죄와 싸우고 있는 동안, 다른 사람들은 더 심각한 죄인 불신앙으로 인해서 괴로워하고 있음을 깨닫지 못했습니다. 그때에는 기독교 신앙을 단지 일정한 형태의 악덕을 범하지 않는 극기나 절제와 같다고 생각했으며, 이러한 경향은 오늘날에도 채 사라지지 않고 있습니다.

물론 하나님께 예배드리는 것을 금하는 나라를 볼 때 우리는 그러한 행위에 대해서 비신앙적인 행동이라고 말합니다. 또한 신실한 목사들이 독일의 자유주의 신학대학에 투신하는 것을 보거나 그리스도인들이 민족이나 고대 신화를 숭배하는 새로운 종교를 받아들이도록 권유받는 것을 볼 때, 우리는 그러한 것을 가리켜 불경건이라 말합니다. 합리론자 발행인 협회(Rationalist Press Association)의 글들을 읽어 보면, 우리는 그 글들이 하나님에 대하여 적대적이며 비신앙적인 성격을 띤다는 사실을 명백히 알 수 있습니다. 하지만 우리는 또 다른 형태의 비신앙과 불신앙, 내가 시돈형 죄라 부르는 죄악에 대해서는 의식하지 못할 때가 많습니다.

나는 이 나라(영국 - 역자주)를 위시하여 세계 모든 나라에는 종교 문제에 있어 시돈 사람들과 이상하리 만큼 유사한 사람들이 지나치게 많다고 생각합니다. 그들의 특징은 이렇습니다. 그들은 종교적인 가정과 분위기에서 태어나서 어린 시절에 성경의 진리에 대하여 들었습니다. 그들은 하나님께 기도하도록 가르침을 받았으며, 나사렛 예수가 인간을 구원하기 위해 오셨던 하나님의 아들이라는 것과, 자신들은 하나님의 자녀로서 특별한 삶을 살아야만 하며, 어떤 것들은 하지 말아야 하고 또 어떤 것들은 해야 한다고 가르침을 받았습니다.

지난 세기 말엽에는 종교가 널리 보급되었습니다. 자연히 예배 처소도 많이 증가했습니다. 그래서 일정한 종교적 전통 아래서 자라난 사람도 많았습니다. 그러나 슬프게도 많은 사람들이 그러한 삶에서 떠나 자기 나름대로의 가치 없는 삶을 살게 되었으며, 시돈 사람들처럼 자신의 생각과 힘으로 살 수 있다고 여기며 살아가고 있습니다. 그들은 자신들의 삶에서 하나님을 배제해 버렸습니다. 그들의 계획과 목적은 사악하며 불경스럽습니다. 그들의 삶에 있어 기독교 신앙은 더 이상 중심이 되지 못합니다. 그들은 하나님과 상관 없이 자신의 계획에 따라 그들 나름대로의 삶을 살아가고 있습니다.

현대판 시돈 사람들

현대의 시돈인들은 종교와 하나님을 말로 비판하지 않습니다. 옛날 시돈 사람들이 자신들이 떠났던 고국을 비판하지 않은 것처럼 말입니다. 그들은 아무 말도 하지 않습니다. 어떤 사람이 말이나 글로 신앙을 공공연하게 비난할 때, 우리는 그 사람이 하나님과 신앙을 반대하는 사람으로 단정할 수 있습니다. 그런데 오늘날 많은 사람들은 그러한 죄를 짓지는 않지만 하나님을 전적으로 망각하며 살고 있습니다. 그들은 하나님을 대적하여 말하지는 않습니다. 다만, 하나님이 계시지 않는 것처럼 살아가고 있습니다. 그들에게 있어 문제는 적극적으로 신앙에 반대하여 말하고 활동하며 조직적으로 행동하는 데 있는 것이 아닙니다.

 본문의 신앙적인 적용은 본문의 이야기 자체보다 좀더 미묘합니다. 성경에 나오는 시돈 사람들의 경우, 그들은 육적으로 그들의 고국을 떠나 다른 곳으로 갔습니다. 하지만 신앙적인 적용에 있어 어떤 사람이 예배 참석을 중단하는 것은 본질적인 문제가 아닙니다. 여전히 예배에 참석하면서도 어떤 실제적인 시험에 부딪히게 되면 무신론자가 되거나 하나님을 전혀 두려워하지 않는 사람이 될 수도 있기 때문입니다. 이런 사람은 하나님 중심적으로 살지도 않고, 하나님의 가르침과 그분의 거룩한 계명을 삶의 기초로 삼지도 않습니다.
 사사기에 나오는 시돈 사람들에 대하여 무엇이라 말할 수 있겠습니까? 표면상으로는 시돈 사람들에게서 어떤 흠을 발견할 수 없습니다. 그들은 훌륭한 사람들인 것처럼 보입니다. 그들은 서로 싸우지도 않았기 때문에 치안 담당자조차 필요 없을 정도였습니다. 단지 그들이 원했던 것은 자기들만 홀로 있는 것뿐이었습니다.

무관심한 이기주의

 우리는 그런 사람들에 대해 어떤 말을 할 수 있을까요? 내가 첫째로 말하고자 하는 것은 그들의 삶이 극도로 이기적이라는 것입니다. 시돈 사람들의 삶에서는 이기심이 극명하게 나타납니다. 그들은 고국을 떠나 다른 지역에 가서 정착했습니다. 거기에서 그들은 다른 사람과는 전혀 교역하지 않았으며, 그들 자신의 방식대로 살기 원했습니다. 어떤 사람은 이러한 것이 반드시 이기적인 것은 아니라고 주장할지도 모릅니다. 또 어떤 사람들은 이기적이라고 말할 때는 그 안에 언제나 침략적인 요소가 들어 있어야만 한다고 생각합니다. 하지만 이기심에도 적극적인 이기심이 있는가 하면, 소극적인 형태의 이기심도 있는 것입니다. 다른 사람의 것을 탐내는 것만을 이기주의로 볼 수는 없습니다. 다른 사람에 대한 관심이 결여되어 있는 것도 이기심으로 보아야 합니다.
 바로 이것이 우리가 살고 있는 이 세상을 섬뜩하게 만드는 요인 가운데 하나가 아니겠습니까? 국제적인 흐름도 이러한 이기적인 성향에서 크게 벗어나지 않고 있습니다. 각 나라들마다 "우리가 잘되어 가고 있는데 다른 나라에 무슨 일이 일어나든 무슨 상관이야"라는 식의 태도를 보이고 있지 않습니까? "우리는 우리 나름대로의 삶을 삽시다. 국제 사회라는 굴레에서 벗어납시다. 우리는 자급 자족합시다."라고 말하는 민족주의가 만연해 있지 않습니까? 바로 이러한 것이 지난 세계 대전 이후 큰 문젯거리가 되고 있습니다.

사람들의 대화에 귀를 기울여 보십시오. 그들은 곧잘 '즐거운 시간'에 대하여 말하는데, 그들에게 있어 이 말은 최대한으로 즐기면서 최소한으로 일하는 것을 의미합니다. 우리는 의무와 신용, 책임에 대한 말은 거의 들어 보지 못합니다. 사람들 모두가 제멋대로 살며 안락과 편안함만 원합니다. 또한 다른 사람으로부터 벗어나서 인생을 즐기기 위해서 '안정된 생활'을 추구합니다. 모든 사람이 자신만을 위해 살고 있습니다. 우리는 자신의 삶이 자신이 속한 소집단 내에서만 이루어지도록 그 안으로 도피하는 경향이 있지 않습니까? 이렇게 된 원인은 과연 무엇일까요?

앞서 언급했듯이, 이 모든 것의 원인은 우리가 하나님을 떠나 있다는 데 있습니다. 왜냐하면 그분은 우리가 이웃들을 바로 우리 자신들처럼 사랑해야 한다고 말씀하셨기 때문입니다. 구약과 신약 처음부터 마지막까지 성경은 우리가 세상에서 우리 자신의 방식에 따라 살아서는 안된다고 말합니다. 또한 성경은 인간은 아무 것도 소유할 수 없으며, 단지 청지기에 불과한 존재라고 말하고 있습니다. 모든 것이 하나님의 소유라는 말입니다. 그 뿐 아니라 성경은 "너희는 먼저 그의 나라와 그의 의를 구하라 그리하면 이 모든 것을 너희에게 더하시리라"(마 6:33)고 가르칩니다. 그것은 자신을 위해 살지 말고 도리어 자신을 부인하며, 그리스도가 그러셨듯이 굴욕을 참고 그분을 향하여 나아가라는 의미입니다. 헌신적인 삶, 곧 하나님을 위하고 그분의 지배 하에서 사는 삶이 바로 성경이 우리 사람들은 그러한 삶을 살면서 그렇게 사는 것을 자랑합니다. 하지만 위기를 맞게 되면 어떤 상황이 벌어질까요? 여러분은 그러한 때에 구원해 줄 만한 친구가 있습니까? 여러분에게는 가장 격심한 시련을 당하게 되는 순간에도 신뢰할 수 있는 사람이 있습니까? 여러분은 언제든지 도움을 청할 수 있으며 피할 길을 예비해 놓았습니까? 시돈 사람들은 자신들을 외부 세계와 단절시켰으며, 그로 인해 멸망에 이르게 되었습니다.

우리는 모두 시돈 사람들과 같이 살아왔습니다. 우리는 하나님으로부터 우리 자신을 단절시켰습니다. 그러다가 위기가 닥쳐오면 그제서야 방향을 바꿔 하나님을 찾습니다. 이럴 때 우리는 자신이 버릇없는 자녀임을 깨닫게 됩니다. 하지만 하나님은 이러한 간악한 사람들에게도 독생자를 보내셨습니다. 구조의 길, 해방과 구원의 길을 열어 주신 것입니다. 그리스도께서 우리를 하나님께로 인도하기 위해 오셨으므로 어떠한 궁핍이나 위기에서도 하나님은 언제나 우리들 가까이 계시며, 결코 우리는 하나님으로부터 버림을 받지 않습니다. 정탐꾼들이 왔지만 구원자이신 하나님의 아들도 오신 것입니다.

저 장엄한 처소에까지
인간이 오를 수 있는
길이 있도다
예물과 희생제
하나님과 함께하시는
보혜사, 성령의 권능

자리를 잃거나 생명보다 귀히 여기는 사람을 잃는다면 마음이 어떠하겠습니까? 만일 전쟁이 일어나게 되거나 전세계적으로 살육전이 벌어진다면, 어떤 느낌을 갖게 되겠습니까? 공포심이나 불러일으키려고 제가 이런 말을 하는 것이 아닙니다. 나의 친구들이여! 이것이 삶의 현실이며, 이에 대비하여 준비하지 않는 것은 무모한 짓입니다.

준비하지 않는 것은 이해력이 부족하다는 것을 보여 주는 행위입니다. 이런 태도는 삶에 대한 철학도 없이 자신을 운명에게 내맡겨 버리는 것과 다름없습니다. 이미 정탐꾼들은 들어왔습니다. 어쩌면 강력하고 무서운 것들이 앞 바다에 나타날지도 모릅니다. 어떠한 경우에도 우리 모두는 하나님을 만나야만 합니다. 여러분은 현재 준비되어 있습니까, 아니면 계속하여 부주의한 삶을 살아가고 있습니까?

만일 우리가 이러한 경고에 주의하지 않는다면, 시돈 사람들처럼 우리도 곧 자멸하게 될 것입니다. 그러한 삶은 이기적이고 도량이 좁으며 근시안적일 뿐 아니라, 스스로 멸망의 길을 걷는 삶입니다.

"그들을 구원할 자가 없었으니".

이들이 겪은 재난의 책임은 그들 자신에게 있었습니다. 왜냐하면 그들은 외부와 단절하고 살았기 때문에 6백 명의 무장한 적군들이 침략해 왔어도 시돈에서 너무 멀리 떨어져 있어서 누구와도 연락할 수 없었던 것입니다.

불신앙적인 삶도 잠시 동안은 매우 성공적일 수 있습니다.

그들은 행복했지만 그 행복은 현실을 모르는 잘못된 기초 위에 세워진 가짜 행복이었습니다. 만약 그들이 자신들에게 일어날 사건에 대해서 조금이라도 생각해 보았다면, 그들은 그렇게 쉽게 당하지 않았을 것입니다. 그들의 행복은 아직 폭발하지 않은 화산 위에 앉아 즐거워하는 것이나 다름없었던 것입니다. 그들이 이런 상황에 있을 때 다섯 명의 정탐꾼이 그 땅에 들어갔으며, 그 후 완전 무장한 6백 명이 그들을 따라 들어가 그곳의 거민들을 그 땅에서 제거해 버렸습니다.

그들의 삶의 특징은 부주의하다는 것이었습니다. 여러분은 지금까지 어떻게 살아왔습니까? 시돈 사람들과 같이 부주의한 삶을 살아오지는 않았습니까? 여러분은 자신에게 일어날 가능성이 있는 일들을 충분히 염두에 두고 있습니까? 여러분은 자신에게 있을지도 모를 예측 못할 사건들을 생각해 보았습니까? 아니면 "왜 일부러 사서 고생해?"하고 말하면서 그저 하루 하루를 편하게만 살아왔습니까? 여러분은 방어선을 구축해 놓았습니까? 저축은 충분히 해두었습니까? 그리고 비상벨은 설치해 놓았습니까? 여러분에게는 위급할 때에 도움을 청할 수 있는 사람이 있습니까?

이에 대해 여러분은 다음과 같이 말할지도 모릅니다.

"아뇨, 하지만 지금은 만사가 잘 되어가고 있습니다."

나는 여기서 여러분에게 다섯 명의 정탐꾼이 이미 그 땅에 들어와 있었음을 상기시켜 주고 싶습니다. 그들은 정탐을 하고는 그 결과를 보고하려고 돌아갔습니다. 만일 여러분이 일에게 명하는 삶인 것입니다.

성인들의 전기를 읽어 보면, 여러분은 그들이 자기 자신에게는 아무 관심도 두지 않는 것을 최고의 미덕으로 삼았음을 알게 됩니다. 하지만 세계 대전 이후 우리는 이런 신조를 좋아하지 않게 되었습니다. 그러한 신조는 오히려 우리를 어지럽힌다고 생각해 왔기 때문입니다. 우리는 안정되고 윤택한 삶을 원합니다. 이처럼 사람들이 이기적인 마음을 갖게 된 것은 하나님의 부르심으로부터 떠났기 때문입니다.

전형적인 현대인의 삶과 과거 성인들의 삶을 비교해 보십시오. 굉장히 큰 차이가 날 것입니다. 자기 안에 웅크리고 사는 현대인들과, 자기를 거부했던 세상을 위해 생명을 바치신 나사렛 예수를 비교해 보십시오. 오, 멀리 떠나 자기만의 불신앙적인 테두리 안에서 자기만을 위해 살려고 몸부림치는 불신앙적인 삶의 이기심이여!

도량이 좁고 근시안적인 삶

이기적인 삶이 얼마나 근시안적인 태도입니까? 시돈 사람들은 그들의 고국을 떠나 다른 곳에 정착하였으며, 만사가 완벽하게 되어가고 있었습니다. 그곳에서 그들은 마음껏 즐기고 있었지만 그 외부로부터의 공격에 대비하여 자신들을 방어하기 위한 경계를 하지 않았습니다. 그저 현재의 상태가 계속되기를 바라면서 하루하루를 보냈을 뿐입니다.

아직 시간이 있을 동안에 구주를 영접하십시오. 그리고 영원한 도성에 이르는 길로 들어서십시오.

6 선교에 대한 열정

"…… 여러 사람에게 내가 여러 모양이 된 것은
아무쪼록 몇몇 사람들을 구원코자 함이니"

(고전 9:22)

일반적으로 볼 때, 교회 생활이나 개인적인 그리스도인의 삶에 있어 교회의 선교 사업만큼 근본적인 문제와 의문을 많이 야기시키는 것은 없습니다. 나는 우리의 개인적인 신앙 고백이 진실한지의 여부는 선교 문제에 대해서 어떠한 태도를 가지고 있느냐 하는 측면에서 결정된다고 여러분에게 거리낌없이 말씀드릴 수 있습니다.

이 사실은 과거의 교회 역사가 증명해 줍니다. 사도행전에 기록된 바와 같이, 교회사의 초창기부터 오늘날에 이르기까지 신앙의 부흥이 있을 때마다, 다시 말해서 영적 생활과 의식의 재각성이 일어날 때마다 교회는 선교 활동을 활발히 전개하였습니다. 복음 자체의 복을 경험하고 누릴 때 사람들은 그러한 복된 경험을 다른 사람들과 함께 나누려는 열망과 열정을 느꼈던 것입니다. 그렇기 때문에 우리의 신앙 상태를 평가할 때는 복음을 나누고자 하는 열정이 얼마나 있느냐 하는 점을 기준으로 삼을 수밖에 없습니다.

하지만 이러한 평가 기준과는 별도로, 책이나 모임에서 이 문제에 직면할 때 우리는 반드시 궁극적인 질문을 인식할 필요가 있습니다. 우리는 기독교 신앙의 분위기에서 성장했을 수도 있으며, 복음과 그 가르침을 받아들이고 복음의 규범에 따라 살려고 최선의 노력을 다할지도 모릅니다. 하지만 그런 가운데에서도 우리의 태도는 여전히 부정적일 수 있습니다. 그리고 아무런 생각이 없이 생활하고 있는지도 모릅니다.

우리가 결정한 이러한 삶은 우리에게 있어서는 최선의 것이었습니다. 즉, 우리는 그러한 삶을 즐기고 그렇게 사는 것을 좋아합니다. 그러나 문제는 우리가 이러한 삶에 대하여 좀더 깊은 생각 없이 그러한 식으로 계속하여 삶을 즐긴다는 것입니다.

그런데 선교만큼 그러한 상태에 있는 우리를 각성시키고 기독교 신앙의 근본적인 진리들을 숙고하지 않을 수 없게 하는 것은 없을 것입니다. 그 이유는 선교 문제가 다음과 같은 질문들을 우리에게 제기하기 때문입니다.

'왜 많은 사람들이 다른 나라에 가서 복음을 전하고 있는가? 어째서 정교한 선교 조직을 세우고, 그 조직을 유지하려고 노력을 하는가? 왜 다른 인종인 그 국민의 삶과 관습에 간섭하는가? 수세기를 통해 그 나라 국민들이 만족하면서 지켜온 신앙과 전통들을 왜 전복시키려 하는가? 무슨 권리를 가지고 우리는 그러한 일을 하는가? 우리의 믿음과 신앙에 있어, 우리에게 그렇게 할 권리를 주고 우리로 하여금 그렇게 하지 않을 수 없게 하는 것은 무엇인가?

이러한 질문들은 마땅히 거론되어야 합니다. 왜냐하면 이에 대한 답변은 우리의 신앙 고백의 기초를 이루는 내용이기 때문입니다.

지금까지 언급한 내용은 바로 오늘날의 교회에서 볼 수 있는 상황입니다. 선교 문제는 수년간 교회의 주요 관심사 중 하나가 되어 왔습니다. 그리고 선교의 문제는 가능한 모든 각도에서 숙고되어 왔지만 결국 메시지와 선교 방법의 문제로 귀결지어진다는 의견에 많은 사람이 동의할 것입니다.

우리가 이 문제를 다룰 때, 이 방면에서 가장 위대한 권위자의 말을 우리가 다시 한 번 살펴보는 것이 가장 좋은 방법일 듯합니다. 열심이나 경험, 혹은 결과에 따라 판단해 볼 때, 모든 시대를 통틀어 바울 만한 위대한 선교사는 없었습니다. 그리고 바울은 그의 서신인 고린도전서에서 이 문제에 관하여 특별히 계몽적이며 교훈적인 말을 했습니다. 그가 전했던 메시지는 그가 기록한 모든 서신에서 발견됩니다.

한 가지 흥미로운 사실은, 그는 메시지를 전할 때 전하는 방법에 대해서도 고려했다는 점입니다. 그는 자신을 변호하기 위해서 그렇게 했습니다. 고린도에 있는 어떤 이들은 그를 매우 격렬하게 비판했습니다. 그들은 자신을 사도라 칭하는 바울 사도의 주장을 매우 문제시하였습니다. 또한 그들은 그의 지식에 대해 의문을 제기하였는데, 그 이유는 바울 사도가 그들에게 예수 그리스도와 십자가만 가르쳐 주었기 때문입니다.

고린도 교인들은 바울 사도가 그리스도와 십자가밖에 모른다는 결론을 내렸습니다. 다른 사람들은 그의 말하는 방법과 태도, 다시 말해서 수사학적이며 웅변적인 방법과 구성이 갖춰져 있지 않다고 비판하였습니다. 그리고 많은 사람들은 바울이 자신들로부터 어떠한 사례금도 받기를 거부한 점을 들어, 이것은 그의 인격이 교활하며 이중적이기 때문이라고 비난했습니다. 이처럼 복음을 전하는 선교사로서 바울의 모든 행위가 의문시되었습니다.

바울이 고린도전서를 기록한 주된 동기는 교회 내의 질서를 회복하고 교회를 위협하는 무서운 위험에서 교회를 구하는 것이었지만, 자신에게 쏟아지는 온갖 비난에 대한 그의 논박이 동시에 그 서신 전체에 걸쳐 일종의 중심 사상처럼 일관되게 나타나 있습니다. 특별히 9장의 마지막 구절인 22절에서 우리는 선교 메시지와 이것을 전하는 방법상의 문제에 관하여 사도 바울이 말한 내용을 접할 수 있습니다.

"여러 사람에게 내가 여러 모양이 된 것은 아무쪼록 몇몇 사람들을 구원코자 함이니"(22절).

이 말씀과 그 전후 관계를 계속해서 살펴봅시다.

목적

먼저 선교의 대상 또는 목적부터 다뤄 봅시다. 내가 이것부터 먼저 시작해야만 한다고 말하는 이유는 목적이 수단을 정당화한다는 철학을 인정하기 때문이 아니라, 이러한 문제에 있어서는 목적이 반드시 수단을 지배하고 결정하며, 수단이 목적 자체와 일치해야 하기 때문입니다.

바울은 그의 선교의 대상과 목적을 네 구절에 걸쳐 여섯 번이나 언급합니다. 그 중 다섯 번째까지는 사람들을 구원하려는 열망이 적나라하게 표현되어 있습니다. 그것이 그가 선교를 시작한 목적입니다. 그는 결코 그러한 목적을 잠시도 잊지 않았습니다.

식민지 지역에서 선교할 때 설교의 기능은 영혼 구원에 주의를 환기시키고, 사회와 거기에 속한 모든 사람들뿐 아니라 전 교회를 도우며, 교회 자체와 선교의 참된 동기를 살펴보는 것이라고 나는 생각합니다. 성경의 모든 메시지는 처음부터 끝까지 사람들이 시선을 삶의 궁극적인 목적에 고정시키도록 하기 위한 호소이며, 이 세상에 안주하지 않고 하나님의 궁극적인 소망 외에는 그 어떤 것에도 만족하지 말라는 의미를 담고 있어야 합니다. 개인적인 삶에 있어서도 우리는 언제나 이러한 권고를 필요로 하며, 이것은 교회의 여러 활동에 있어서도 역시 필요한 것입니다.

그런데 우리의 마음속에는 부차적이며 덜 중요한 동기에 의지하고, 이러한 행동을 합리화하려는 위험이 항상 도사리고 있습니다. 그것은 우리가 의도적으로 부정직하다는 것이 아니라 우리의 본성이 절망적으로 사악하고 거짓되며, 또한 "우리의 씨름은 혈과 육에 대한 것이 아니요 정사와 권세와 이 어두움의 세상 주관자들과 하늘에 있는 악의 영들에"(엡 6:12) 대한 것이기 때문입니다.

만일 여러분이 무엇인가를 좋아한다면 그 동기를 수시로 시험해 보는 것이 절대 필요합니다. 그 이유는 현대 심리학이 인간성에 대하여 말하는 것보다 훨씬 더 심오한 진리가 인간성 내에 있기 때문입니다. 우리의 선교 활동에 침투하려 하고 있는 부차적인 동기 또는 아주 잘못된 동기들 중 몇 가지를 이제부터 살펴보기로 합시다.

부차적인 동기들

먼저 선교 조직에서 일어나는 문제가 있습니다. 이것은 세속 세계에서 점점 더 부각되고 있는 문제인데, 곧 사람의 종이 되어야 할 조직이 반대로 인간의 주인 노릇을 하는 점입니다.

오늘날 우리는 조직의 압제에 대하여 많은 말을 듣습니다. 교회 활동의 기구나 기관에 대하여서도 마찬가지입니다. 처음에 어떤 개인이나 집단에 원대한 비젼이 주어지면, 그들은 열정으로 불타 그 일을 성취하려고 힘있게 시작합니다. 그런데 그렇게 하기 위해서는 어떤 기구나 기관을 설립해야만 합니다. 그래서 필요한 곳에 기구나 기관을 세웁니다. 하지만 얼마 못가서 그들의 비젼은 흐려지고 열심과 열정도 식어버립니다. 그러나 기구는 여전히 존재하며 계속 유지되어야 할 뿐 아니라, 그 일은 계속 진행되어야만 합니다. 이렇게 되면 우리는 단지 그 기구를 존속시키기 위해서만 일을 계속하는 경향이 있습니다.

나는 선교 조직의 해체를 막으려는 의도에서 선교 기금을 모집하는 모습을 자주 보았습니다. 그러나 그러한 노력마저도 때로는 시들어버린 경우도 있습니다. 교회들은 자신들의 위치를 유지하고 단순히 계속해서 도우려는 목적에서 선교 헌금을 하는 예가 많습니다.

사실 이러한 문제에 있어서는 행정적인 동기과 영적인 동기를 혼동하기가 매우 쉽습니다. 특히, 우리 영국의 경우를 살펴보면 더욱 그렇습니다. 과거보다는 좀 덜할지 모르지만 사람들에게는 여전히 그런 태도가 남아 있습니다. 선교적인 동기와 제국주의적인 동기를 동일한 것으로 간주하는 경향이 있다는 것입니다. 가장 가까이 있고 가장 사랑스러운 이들에 대하여 특별한 관심을 가져야 한다는 것은 어쩌면 자연스럽고도 정당한 일일 것입니다. 그러나 신약에서는 내가 속해 있는 국가나 가족이기 때문에 기독교인이 되어야 하는 것이 아니라 스스로 원하는 자가 기독교인이 되어야 한다고 주장하고 있습니다. 체제에 관해서는 식민지의 주민과 일반인들간의 구별이 정당합니다. 그러나 만일 그러한 구별이 우리가 목표로 하는 영적인 영역에 개입된다면, 그것은 잘못된 것이며 비기독교적인 것입니다.

언제나 자신을 헌신하려고 하는 또 다른 동기는 다른 사람들을 도와 그들의 상태를 개선하려는 일반적인 욕망에서 나옵니다. 곧, 인도주의적인 본능이나 우리의 특별한 정치 철학에서 나오는 동기 말입니다. 그런데 이러한 동기는 매우 위험스럽기 때문에 오해받는 일이 없도록 조심하지 않으면 안됩니다. 우리 모두는, 우리가 모든 사람을 위한 기회의 평등을 믿어야만 하는 것처럼 교육과 의료 사업을 중요시해야 합니다. 하지만 그러한 활동들을 교회의 주된 사역과 교회의 최종적인 목표로 인정해서는 안됩니다. 그러한 것들은 기독교의 부차적인 사명으로서는 칭찬할 만한 것이지만 교회의 주된 사역, 즉 교회만이 수행할 수 있는 사역에 있어서는 보조적인 것이기 때문입니다.

교회가 수행할 직무는 따로 있습니다. 우리가 그러한 것들로 만족한다면, 그러한 일이 우리의 주의와 정력을 사로잡게 되며, 결국에는 사탄의 도구가 될 수도 있을 것입니다.

그렇다면, 우리는 선교의 진정한 목적을 무엇에 두어야 합니까? 무엇이 참된 목표입니까? 바울이 제시한 선교의 목적은 '사람들을 얻는 것', 곧 '구원하는 것'입니다. 바울은 오직 이러한 이유로 밤낮을 가리지 않고 대륙과 여러 바다를 건너 여행하였고, 쉼 없이 수고하였습니다.

사람들은 잃어버린 바 되었고, 어둠과 죄의 종이 되었으며, 하나님으로부터 소외되어 있을 뿐 아니라, 하나님과 율법에 대한 반역자들이어서 그분의 정죄와 진노 아래 있습니다. 그들 스스로는 깨닫지 못했지만, 상황은 매우 절망적입니다. 그들은 각성해야 하고, 경고를 받아야 합니다. 나아가서 회개를 해야 하며, 무엇보다도 더 중요한 사실은 그리스도 예수와 그의 십자가 안에 있는 길, 자신이 처한 상황에서 벗어날 수 있는 유일한 길을 발견해야만 합니다.

그런데 여기에 용서와 그리스도 안에서 새 생명을 제공하는 하나님의 말씀이 있습니다. 사람들은 사탄의 지배로부터 탈출하여 하나님의 아들의 나라로 옮겨져야만 합니다. 이제 사람들에게 이 세상에서의 온전하고도 새로운 삶이 가능해졌으며, 오는 세계에는 "눈으로 보지 못하고 귀로도 듣지 못하고 사람의 마음으로도 생각지 못하였던"(고전 2:9) 놀라운 것들이 그들을 위해 예비되어 있습니다. 이 새로운 삶을 위하여 사람들을 얻고, 그들을 그리스도의 복음으로 자신의 죄로 인한 모든 형벌에서 구해내는 것이 사도 바울의 큰 뜻이었습니다. 바로 이것이 언제나 복음의 중심 메시지이며, 모든 선교의 목표와 목적이 되어야 합니다.

다른 종교에 대한 우리의 태도

목표가 정해지면 우리는 다음과 같은 문제에 또다시 직면하게 됩니다. '어떻게 그 목표를 달성할 수 있을까?' 그 다음 단계에서 우리는 방법의 문제인 선교 계획을 수립해야 하는 것입니다.

여기서 현 시대에 많은 사람들이 주목하고 있는 문제를 다루어야겠습니다. 아래에 나오는 바울의 한 마디 말이 선교에 관한 모든 문제를 명확하게 정리해 줍니다. 그는 자기가 "여러 사람에게 여러 모양이 된 것은 아무쪼록 몇몇 사람들을 구원하기 위함"이라고 말했습니다.

이 말은 정확히 무엇을 의미하고 있습니까? 그리고 "유대인들에게는 내가 유대인과 같이 된 것은 유대인들을 얻고자 함이요", "율법 아래 있는 자들에게는 내가 율법 아래 있지 아니하나 율법 아래 있는 자같이 된 것은 율법 아래 있는 자들을 얻고자 함이요", "율법 없는 자에게는…… 율법 없는 자와 같이 된 것은……"이라는 말은 무엇을 의미합니까? 방법 문제는 우리가 바울이 말한 진리를 상대적인 것으로 보든 절대적인 것으로 보든 간에, 결국 그 진리에 대한 우리의 견해에 달려 있습니다.

어떤 사람들은 방법상의 문제에 있어 아주 중요한 것이 한 가지 있는데, 그것은 우리가 들어가 사역하고자 하는 사람들을 조사하는 것이라고 말합니다. 그들의 심리 상태를 이해해야 하고, 그들의 신앙, 생활 양식, 그리고 그들이 오랫동안 유지해 온 견해들을 연구해야 한다는 것입니다. 이러한 조사를 한 후에, 그들이 전적으로 어두움과 잘못된 삶의 방식으로 살아왔다고 말하는 것보다는 그들의 종교에서 강조된 진리들을 매우 가치 있다고 평가하고 나서 그들에게 기독교에서 강조되는 진리에 따르도록 권고하는 접근 방법을 사용해야 한다고 주장합니다.

나는 이러한 관점에 대하여 신중하고 공정하기를 원합니다.

위의 접근 방법을 주장하는 사람들은 나사렛 예수가 이 세상에 존재했던 그 어떤 종교적 인물보다 뛰어난 인물이며, 기독교가 다른 종교보다 우월하다고 지적해야 한다고 말합니다. 이러한 견해에 따르면, "여러 사람에게 여러 모양이" 된다는 말은 세계의 모든 종교가 최종적으로 종합화되기 위해 각 종교가 가지고 있는 훌륭한 요소와 장점을 찾아내야 한다는 의미입니다.

바울의 답변

사람들이 위의 견해에 대해 어떻게 생각하든 간에 한 가지 사실은 분명합니다. 그러한 생각은 바울의 견해가 아니며, 그의 사도 직분을 옹호하는 말씀을 살펴보아도 위의 주장은 바울의 생각과는 확실히 정반대인 것입니다. 바울은 "율법 아래 있는 자들에게는 내가 율법 아래 있지 아니하나"라고 쓰고는 곧바로 "율법 아래 있는 자같이 된 것은"이라 덧붙입니다. 그리고 다시, "율법 없는 자들에게는 내가 하나님께는 율법 없는 자가 아니요 도리어 그리스도의 율법 아래 있는 자"라고 쓰고는 이어서 "율법 없는 자와 같이 된 것은"(20-21절)이라 덧붙입니다.

왜 바울은 이러한 수식적이며 제한적인 진술을 그처럼 즉시 덧붙여야 했을까요? 그 이유는 진리 자체에 관한 한 잘못된 것을 허용하거나 적용하는 일을 참을 수 없었기 때문입니다. 그가 "율법 아래 있는 자같이" 되었다는 것은 그가 실제로 율법 아래 있었다는 것을 의미하는 것이 아닙니다. 그리고 그가 "율법 없는 자와 같이" 되었다는 구절을 그가 자기 멋대로 하였다거나 도덕율 폐기론자라는 것을 의미하는 것으로 해석해서는 안됩니다.

본 서신을 처음 볼 때는 사도 바울이 모순된 말을 하고 있는 것처럼 보이기도 합니다. 그는 "여러 사람에게 여러 모양이 된 것은 아무쪼록 몇몇 사람들을 구원코자 함이니"라고 말합니다. 그는 유대인들에게는 이런 방식으로 호소하고, 이방인들에게는 저런 방식으로 호소합니다. 그리고 그는 헬라인들이 철학과 지혜, 수사학과 웅변을 사랑한다는 것을 알았기에 그는 '예수 그리스도와 십자가' 외에는 어느 것도 알지 않기로 결정하였다고 말합니다.

그는 헬라인들의 심리를 잘 알고 있었습니다. 그는 십자가에 대한 설교가 필연적으로 헬라인들의 지성에는 어리석게 보이리라는 사실도 알고 있었습니다. 그럼에도 불구하고 그는 예수 그리스도와 십자가에 대해 설교하였을 뿐만 아니라 계획적으로 그의 메시지를 그 주제에 국한시켰던 것입니다. 이러한 바울 사도의 태도가 "여러 사람에게 여러 모양이 된 것"과 어떻게 조화를 이룰 수 있겠습니까?

이 질문은 복음의 진리 및 선교 사역의 성공에 대한 열망을 올바로 갖게 하는 문제와 관련됩니다. 공정하게 판단하자면, 가장 복음적인 신앙인들도 우리가 이미 고찰한 견해를 주장하는 사람들만큼이나 같은 오류를 자주 범하는 것으로 생각됩니다. 그들은 선교에 있어서 복음의 진리에 대한 지식만 있으면 선교가 가능하다고 주장하면서 심리학이나 사람들이 살아온 배경에 대한 지식은 전혀 불필요하다고 말합니다. 그러나 이러한 주장은 앞에서 살펴본 것과 정반대의 오류를 범하는 것입니다. 복음의 진리를 희생시키고 방법론을 우선시하거나, 방법을 희생하면서 복음의 진리만을 강조하는 경향은 선교에만 국한된 문제가 아닙니다.

병보다는 환자를 조사하는 일에 더 많은 관심을 갖는 타입의 의사가 있는 반면에, 병에 대해서만 너무나 많은 관심을 기울인 나머지 환자를 망각하는 유형의 의사도 있습니다. 첫 번째 의사는 환자를 잘 다룰 수 있어서, 그가 왕진할 때마다 환자는 기분이 좋고 즐거워집니다. 그러나 만일 그가 병을 진단하고 치료할 능력이나 지식을 가지고 있지 않다면, 과학적인 의술의 견지에서 볼 때 그는 완전히 실패한 사람이며, 매우 위험한 인물입니다.

두 번째 타입의 의사는 의술에 대한 이론적인 지식을 갖추고 있으며 병의 진행에 대해서는 훤히 잘 아는 사람일 수도 있습니다. 그러나 만일 그가 현실감과, 환자를 이해하고 의술 지식을 개인의 상황에 맞게 적용할 능력을 갖추고 있지 않다면, 첫 번째 의사와 마찬가지로 쓸모없는 의사일 뿐입니다.

바울은 이러한 양극단을 피했습니다. 그는 복음의 진리 문제에 대해서는 확고 부동하게 "이 닦아 둔 것 외에 능히 다른 터를 닦아 둘 자가 없으니 이 터는 곧 예수 그리스도라."(고전 3:11)고 선언합니다. 그리스도는 유일한 구원자이시지 결코 구원자들 가운데 한 분이 아니라는 것입니다.

"다른 이로서는 구원을 얻을 수 없나니 천하 인간에 구원을 얻을 만한 다른 이름을 우리에게 주신 일이 없음이니라"(행 4:12).

우리에게 두 번째 이름이란 없으며 '구주'라는 이름 외에는 다른 이름이 있을 수 없습니다. 그분은 독특하신 분입니다. 그분은 하나님 아버지의 최후의 말씀이시며, 독생자이십니다. 그 어떤 것도, 그 누구도 그분이 하신 일에 다른 것을 첨가할 수 없습니다. 비록 하나님이 유대인에게 준 율법이라 하더라도 그분의 복음에 무엇을 더하는 것은 그분의 복음을 손상시키는 행위입니다. 예수 안에 있는 진리만이 절대적인 것이며, 그리스도로 인한 구원의 중심 메시지는 최종적인 것입니다. 그러므로 이 진리에 관한 한 어떠한 양보도 절대 있을 수 없습니다.

이제는 그 진리에 대한 철저한 순종이 있을 뿐입니다. 그리고 중요하지 않은 문제, 곧 하나님 앞에서 인간의 전존재(全存在)에 대해 영향을 미치지 않는 문제에 대해서는 가능한 한 신축성 있게 처리해야 하며 적응하는 것이 필요합니다.

그리스도인은 복음의 진리를 단지 말로 전달해서는 안됩니다. 우리는 사람들을 얻는 것, 곧 그 진리를 가지고 그들을 설득시켜야 합니다. 우리는 복음에 대해서 청지기일 뿐이지

신의 사명을 완전하게 수행하고 주를 기쁘시게 하기 위해 자신을 쳐서 복종시켰습니다.

그는 그 자신과 그가 가진 모든 것을 선교 사역에 바쳤습니다. 즉, 마지못해서 이따금 헌신하는 것도, 마지 못해 회중을 가끔씩 돌보는 것도, 자신의 선교 사명이 마음속에 떠오를 때만 그것을 위해 기도하는 사람이 아닌, 놀라운 은사와 능력을 전적으로 선교 사역에 쏟았습니다.

바울이 다른 어떤 그리스도인보다도 더욱 헌신해야만 했던 다른 이유가 있었을까요? 우리는 그가 받았던 은사들을 하나님께 요구할 수 없으며, 바울 사도처럼 특별한 소명을 받은 사람도 아니고, 다메섹 도상에서 바울처럼 살아나신 그리스도를 보지도 못했습니다. 하지만 바울에게 나타나신 바로 그 주님이 우리를 위해 죽으셨으며, 우리가 주님께 진 빚은 바울의 것과 똑같이 많습니다. 우리 모두가 주님의 말씀을 세계 각국 사람들에게 전파하기 위해 외국으로 나갈 수는 없지만 우리가 할 수 있는 범위 내에서 기도와 물질적으로 후원할 수 있지 않겠습니까? 여러분은 자신을 부인하고 주님을 위하여, 그리고 그분을 알지 못하는 사람들을 위하여 세상에서 누릴 수 있는 것을 포기할 준비가 되어 있습니까?

나는 이러한 질문을 여러분과 나 자신에게 남겨두는 바입니다. 우리 모두가 그리스도를 위해 자신을 기꺼이, 그리고 전폭적으로 내어주는 사람이 되기를 원합니다.

여자가 되기 위함이라"(고전 9:23).

그리스도의 복음이 이미 바울에게는 모든 것을 의미하였습니다. 그에게는 복음을 전하는 것이 가장 귀중한 것이었으며, 그 외의 모든 것은 무가치하고 보잘것없는 것이었습니다. 하지만 그에게는 그 이상의 것이 있었으며, 또한 그는 그것의 참여자가 되기를 열망하였습니다.

그리스도께서 복음이 단지 지상의 모든 민족에게 전해져야만 한다고 명하셨다는 이유만으로도 그것은 누구에게나 전해져야만 합니다. 또 주님께 대한 의무와 충성을 의식하는 것만으로도 우리는 그렇게 하지 않을 수 없습니다. 하지만 그 이상의 것이 있습니다. 주님은 우리가 구원을 얻도록 하기 위해 죽으셨으며, 그분은 우리의 죄뿐 아니라 온 세상의 죄를 위한 중보자이십니다. 만일 이 복음의 비밀을 모르는 사람이 이 복음을 알고 믿으면 우리의 기쁨과 축복의 소망에 참여할 수 있게 되는데 어느 누가 복음을 전하지 않겠습니까?

바로 이것이 선교에 대한 열정의 원천이 되어야 합니다. 하지만 그러한 열정 자체를 어떻게 표현합니까? 바울은 "모든 사람에게 자유하였으나" 그럼에도 불구하고 그가 "스스로 모든 사람에게 종이 된 것은 더 많은 사람을 얻고자 함"이었습니다. 그는 자신의 권리를 포기하고 모든 모욕과 시련과 박해를 감수하였습니다. 나아가, 그는 자신 안에 있는 죄악된 성향과 부단히 싸운다고 말했습니다. 그의 생활과 삶의 양식은 상을 타려고 애쓰는 운동선수와 같이 진지했습니다. 그는 자주인이 아닙니다. 동시에 우리는 자신의 신앙에만 지나친 관심을 갖고 자신의 신앙을 너무나 자랑함으로 약한 형제들에게 걸림돌이 되거나 주위의 잃어버린 영혼을 완전히 망각하는 신앙인이 되어서는 안됩니다.

교회가 언제나 그 위대한 사도의 본보기를 따랐다는 사실이 얼마나 놀라운 일입니까? 하나님은 우리의 지혜와 지식으로 그 일을 성취하도록 하신 것이 아니라 자신이 베푸신 은혜로 그 놀라운 일을 성취하게 만드셨으며, 자신의 은혜로 선교 사역의 성공을 확실하게 보증해 주셨습니다.

선교에 대한 열정

이제 마지막 문제에 대해 말씀드리겠습니다. 이 문제는 그의 서신 전체와 그의 메시지 전체에 면면이 살아 숨쉬고 있습니다. 나는 우리가 선교에 대한 열심 혹은 선교에 대한 열정이라 부르는 것에 대해 다음과 같이 말씀드리는 바입니다.

"여러 사람에게 내가 여러 모양이 된 것은 아무쪼록 몇몇 사람들을 구원코자 함이니", "내가 부득불 할 일임이라", "만일 복음을 전하지 아니하면 내게 화가 있을 것임이로라".

바울에게 있어서 이러한 열정의 원천은 무엇이었습니까? 무엇이 이러한 열정을 낳았습니까? 그는 이에 대해 다음과 같이 말합니다.

"내가 복음을 위해서 이것을 행함은 너희와 함께 복음의 참

7
죄의 구조

"때에 베드로가 사방으로 두루 행하다가
룻다에 사는 성도들에게도 내려갔더니 거기서 애니아라 하는 사람을 만나매
그가 중풍병으로 상 위에 누운지 팔 년이라
베드로가 가로되 애니아야 예수 그리스도께서 너를 낫게 하시니
일어나 네 자리를 정돈하라 한대 곧 일어나니
룻다와 사론에 사는 사람들이 다 그를 보고
주께로 돌아가니라"(행 9:32-35)

상당한 학식과 교양을 갖추고 있다고 자부하는 사람들 사이에는 사도행전의 역사적 가치에 대하여 꽤 의문시하는 습관이 있습니다. 그들은 마태와 마가, 그리고 누가복음은 예수님의 생애에 대한 다소 정확한 기사인 것으로 받아들이지만, 사도행전의 앞부분이나 요한복음, 특히 바울이 기록한 여러 서신들에 나타나는 내용들은 받아들일 수 없다고 말합니다. 다시 말해서, 그들은 순수한 복음은 받아들일 준비가 되어 있지만 신약의 여러 다른 책들에 기록되어 있는 부가적인 내용들은 받아들일 수 없다는 것입니다.

물론 그들의 주장에 일관성이 없는 것은 아닙니다. 하지만 만일 그들이 그리스도의 독특한 신성과 그분의 이적을 부인하

는 근거 위에서 사도행전의 역사성을 인정한다면, 그것은 다소 놀라운 일이 될 것입니다.

사도행전은 그리스도가 신성과 이적의 능력을 소유하셨다고 주장할 뿐만 아니라, 그의 이름으로 하나가 된, 평범하고 단순하며 다소 무지하기까지 한 사람들이 초자연적이며 이적적인 능력을 모두 소유하게 되었다는 놀라운 주장을 합니다. 그러므로 사도행전에 들어 있는 이러한 내용은 사복음서에서 예수님에 대하여 진술했던 내용을 인정하는 가장 훌륭한 주석이라는 중요한 사실을 보여 주고 있습니다. 나는 여기서 한 단계 더 나아가, 여러분이 복음서를 사도행전과 비교해서 읽지 않으면 복음서를 바르게 이해할 수 없다는 점을 말씀드리고 싶습니다.

사도행전의 증언

사람들이 오늘날 신앙과 관련하여 당면하고 있는 문제의 절반 가량은 그들이 복음서를 읽는 데 투자하는 시간에 비하여 사도행전이나 기독교의 후속 역사를 읽는 데는 너무나도 적은 시간을 할애하기 때문이라고 나는 확신합니다. 예수님의 말씀과 행적을 읽는 것은 반드시 필요한 일이지만 대부분의 사람들은 읽은 만큼 그것을 이해하지는 못합니다. 그 이유는 그들 앞에 제시되어 있는 증거들을 충분히 소화해내지 못했기 때문입니다. 다른 말로 표현하면, 복음의 영원한 신비를 단번에 해결하려고 하기보다 교회사를 조금 더 자세히 공부해 보았더라면, 현재 그들이 이해하지 못한 복음의 신비를 더욱 분명하게 파악할 수 있었을 것이라는 말입니다.

즉, 기독교 교리에 직접적으로 부딪히기보다는 간접적으로 접근하는 것이 더욱 중요하다고 나는 생각합니다. 예를 들어, 성육신에 대한 교리를 한번 생각해 봅시다. 이 교리는 영원한 신성이 육신이 되어 우리 가운데 거하신다는 실로 불가사의한 개념을 담고 있습니다. 누가 이 교리를 이해할 수 있겠습니까? 인간의 지성으로는 이러한 교리의 참된 개념을 이해할 수 없습니다. 그렇다고 나 혼자만이 성육신의 교리를 이해한다고 공언하려는 것은 아닙니다. 다만, 나의 경험이나 다른 성도들의 경험이 성육신에 대하여 잘 설명해 주기 때문에 나는 성육신의 교리를 믿지 않을 수 없는 것입니다.

속죄에 대한 교리도 이와 마찬가지입니다. 어떠한 사람도 이 불가사의하고도 위대한 교리를 충분히 이해하지는 못합니다. 이 교리의 의미는 너무나도 광대하기 때문입니다. 그렇다고 나는 속죄에 대한 교리를 이해하지 못한다고 주장하려는 것이 아닙니다. 다만, 속죄의 교리도 교회의 역사에 비추어 살펴볼 때에야 비로소 충분히 이해할 수 있다는 말입니다.

부활에 대한 교리도 그렇습니다. 이 교리는 그리스도께서 죽은 지 3일째 되는 날 아침에 사망의 권세를 끊어 버리시고 무덤에서 살아나셨다는 것입니다. 누구도 이 엄청난 사실을 측량할 수 없습니다. 나는 부활을 잘 이해하지는 못하지만, 한때 술꾼이요, 노름꾼이었으며, 하나님을 욕하고 아내를 구타하던 사람이 마침내 하나님의 자녀가 된 사실을 볼 때, 부활의 능력을 가진 분 외에는 이 사람을 이처럼 변화시킬 수 없다는 사실에서 나는 부활의 교리를 믿습니다.

내가 제안하는 것은, 우리는 믿음에 대한 이 교리들을 기독교의 역사에 비추어 접근해야만 한다는 것입니다. 사도행전은 본질적으로 복음서에 대한 주석입니다. 만일 여러분이 사도행전의 전반부를 믿지 않는다면 복음서의 내용은 아무 의미가 없게 됩니다. 우리는 예수님이 제자들에게 "내가 떠나가는 것이 너희에게 유익한지라 만일 내가 떠나가지 아니하면 보혜사가 너희에게 오지 아니 하시리라"고 말씀하셨다는 것을 압니다. 그리고 또 다른 장면에서 "너희는 이 보다 더 큰 일들을 하리니 이는 내가 아버지께로 감이니라"고 말씀하셨다는 것도 알고 있습니다. 베드로와 바울의 설교가 그리스도 자신의 설교보다 실제로 더욱 위대하고 성공적이었다는 것을 발견하게 되는 사도행전의 기록들을 만일 우리가 받아들이지 않는다면, 이러한 말씀은 무의미하게 될 것입니다. 그렇습니다. 사도행전은 바로 복음서의 주석인 것입니다.

사도행전은, 처음부터 끝까지 교회의 중심 사역은 그리스도에 대한 기억을 단지 영속화하는 것이 아니라 그리스도의 능력을 명백하게 하고 널리 전파하는 것이라는 사실을 상기시켜 줍니다. 사도행전에 따르면, 교회의 임무는 사람들에게 단지 예수님이 말씀하시고 행하신 것을 말해 주는 것이 결코 아닙니다. 교회는 그리스도의 몸이며, 교회의 임무는 그의 능력을 온 세계에 전하는 것입니다. 교회는 그리스도께서 역사하시고 행하시는 곳입니다. 그렇기 때문에 사도행전은 교회는 초자연적이며 그 자체가 거룩한 제도라고 주장합니다.

이것은 매우 중요한 원리로서, 우리가 사도행전을 읽을 때는 이 원리를 기억해 둘 필요가 있습니다. 복음서에서 말하고자 하는 바는 그 어떤 인물보다도 예수님이 뛰어나신 분이라는 것이 아닙니다. 복음서는 예수님이 다른 사람과는 다른 독특하신 분이라고 말합니다. 그분은 그 누구보다도 더 높으신 분입니다. 그분은 하늘에서 오신 하나님의 아들이십니다.

그리스도의 말씀과 관련하여 복음서는 그리스도의 말씀 자체보다는 그분이 어떤 방식으로 말씀하셨는가를 강조하는 듯합니다. 여러분은 예수님의 말씀을 듣던 당시의 청중들 틈에 여러분 자신이 함께 있는 모습을 한 번쯤 상상해 본 경험이 있습니까? 예수님의 말씀을 듣고 난 후 그들은 서로 무엇이라 말했겠습니까? "매우 학구적인 강론이었어! 그의 지식은 정말 광대하다니까! 과학적인 사상에 대한 그의 지식 또한 매우 심오하다구."라고 말했겠습니까? 천만의 말씀입니다. 오히려 그들은 이렇게 말했습니다.

"이 사람은 권위 있게 말하고 서기관들과 같지 않습니다."

"이 사람같이 말한 사람은 결코 없었습니다."

그들이 놀라워한 것은 그분이 말씀하신 내용이라기 보다는 말씀하시는 방식이었습니다. 그들은 그분에게서 독특함을 느꼈습니다. 즉, 그들은 그분의 성품에 있어 초자연적인 것을 인식했던 것입니다.

그리스도의 독특함

이제 교회의 진정한 기능이 무엇인가를 생각해 봅시다. 사람들은 너무나 다른 관점에서 교회를 바라보고 있지만, 교회의 주된 기능은 그리스도의 몸이 되는 것이며, 그분이 이적적이며 강력한 역사를 행하실 때 그 수단이 되는 것입니다. 교회는 어떤 다른 기관에 비교될 수 없습니다. 교회는 독특하며, 구별된 것입니다. 그리고 교회가 행하는 모든 이적 중 가장 위대한 이적은 지금까지 교회가 해온 일, 즉 죄인을 성도로 변화시키는 이적입니다.

교회가 이러한 이적을 어떻게 행했는지는 한 사건을 예로 살펴보면 도움이 될 것입니다. 바로 그 사건은 베드로가 행한 이적인데, 이 사건을 통해서 우리는 교회의 건전한 기능이 무엇인가를 알 수 있습니다(행 9:32-35). 베드로는 여러 교회를 순회하다가 룻다에 사는 성도들에게도 내려갔습니다(32절). 그곳에서 그는 애니아라고 하는 사람을 만났는데, 그녀는 중풍병으로 누워 있은 지 8년이나 되었습니다. 베드로는 이 사람이 거동하지 못하고 침상에 누워 있는 모습을 보았습니다.

우리는 여러 가지 측면에서 애니아에 대해 말할 수 있지만, 그 한 가지는 다음과 같습니다. 그녀가 침상에 누워 있는 것은 게을러서 걸어다니거나 일하기를 원치 않았기 때문이 아니라 병약함으로 인해서 침상에서 일어날 수 없었다는 사실입니다. 반면에, 그녀의 정신과 두뇌는 완전히 정상이었습니다.

보통 사람들이 가지고 있는 관심거리에 대해 그녀도 대화를 나눌 수 있었을 것입니다. 더 나아가 걸음을 걷는 것에 대해서도 이야기할 수 있었으며, 걸음을 걷는 방법에 대해 자기 의견을 말할 수도 있었을 것입니다. 그녀는 걷기를 원했습니다. 또한 걸으려고 노력도 많이 했습니다. 그러나 그녀의 정상적인 두뇌와 힘이 없는 근육 사이에 문제가 있었습니다. 신경 계통의 어떤 손상으로 인해 뇌에서 나오는 정상적인 자극이 그의 손과 발에 전달되지 못했던 것입니다. 이 사람은 완전하지 못하고 둘로 나뉘어져 있었습니다. 반은 정상이고, 나머지 반은 비정상이었습니다. 반은 움직이려고 했으나 나머지 반이 움직이는 것을 불가능하게 만들었으므로 하나로 통일되지 못한 상태였습니다.

지금까지 나는 그의 육체에 대해 말했으나, 이것이 사람의 영혼과 정신 사이에서도 마찬가지로 적용된다는 것을 지적할 필요가 있을 것 같습니다. 통일성의 부족이 바로 우리가 죄라고 부르는 상태에 대한 설명으로 적절하다고 생각지 않으십니까? 인류의 비극은 어떻게 해야 한다고는 알고 있으나 그것을 실천에 옮기지 못하는 것이라고 말할 수 있지 않겠습니까? 모든 사람은 선과 악의 차이점을 알고 있습니다. 그러나 자신의 본성 안에 자신이 알고 있는 선을 행하지 못하도록 방해하는 무엇인가가 있음을 의식하게 됩니다.

예를 들어, 어느 날 길을 걷고 있을 때 길 건너편에 예전에 다투었던 사람이 서 있는 모습을 보았다고 합시다. 그와는 수

년 동안 서로 말도 하지 않고 지내고 있었습니다. 그런데 오늘은 특별히 그 사람에게로 가서 손을 내밀고 "내 잘못이 큽니다. 우리 서로 용서하고 지난 일은 잊어버립시다."라고 말하고 싶은 충동이 일어났습니다. 그런데 금새 이런 생각이 들어옵니다.

'왜 내가 굽혀야 해? 왜 내가 항상 굴복하는 편에 서야 해?'

그 결과, 영원히 화해할 기회를 잃어버리게 됩니다. 자극은 왔으나 그것이 행동으로 옮겨지지 않은 것입니다. 이것이 우리 모두가 겪는 공통적인 경험이 아니겠습니까?

우리는 보다 선한 일을 해야 하고, 가정 식구들에게 잘해 주어야 하며, 도움이 필요한 사람들을 도와야 한다고 생각할 때가 많이 있습니다. 하지만 이러한 자극이 오더라도 그것을 행동에 옮기지는 못합니다. 영혼의 마비로 인해 행동에 옮기지 못하게 되는데, 이것이 바로 모든 사람이 앓고 있는 질병입니다. 오늘날 세상이 가진 문젯거리는 무엇을 해야 하는지를 알지 못하는 것이 아니라, 그것을 혼자서 할 수 있는 힘이 부족하다는 것입니다. 따라서 교회는 사람들로 하여금 선을 행할 수 있는 힘과 연결시켜 주는 사역을 감당해야 합니다.

구주 되시는 예수 그리스도

교회가 어떻게 그 일을 할 수 있습니까? 그 해답은 다음의 사건에서 찾을 수 있습니다. 본문에 나타나는 첫 번째 내용은 베드로가 애니아를 찾아가서 만난 것입니다(33절). 사람들은 산상수훈을 일종의 사회적인 복음의 기초가 되는 것으로 여겨 왔습니다. 그러나 그 말씀대로 살려고 노력하는 순간, 그들은 자신이 마비되어 있음을 발견하게 될 것입니다.

애니아가 얼마나 마비되었는지 알고 싶으면, 여러분 자신의 힘으로 하나님을 찾으려고 노력해 보십시오. 여러분은 중풍으로 고통을 받고 있던 애니아가 스스로 베드로를 찾아갈 수 없었음을 이해하게 될 것입니다. 그러나 하나님의 은혜로, 베드로는 애니아를 만나 말씀을 전하여 고통에서 그를 해방시키고 걸을 수 있게 하였습니다. 이것이 바로 교회가 계속해서 해왔던 일입니다.

교회의 역사는 번영과 쇠락의 역사였습니다. 영국의 몇몇 합리주의자들은 교회의 종말이 오리라는 것을 너무 확신한 나머지, 그들을 반대하는 의견은 일고의 가치도 없는 것이라고 단언했습니다. 그러나 죽은 교회의 몸에다 추도사를 하고 있던 바로 그때, 하나님은 애니아에게 베드로를 보내셨던 것처럼 요한 웨슬레를 보내어 죽어가는 교회에게 부활하는 힘을 주시고 다시 일어나게 하셨습니다.

교회의 역사에는 이와 같은 일이 끊임없이 일어났습니다. 따라서 교회의 장래에 대해서는 염려할 필요가 없습니다. 하나님은 준비해 두신 베드로를 보내실 것입니다. 또한 교회에 적용된 사실은 크리스챤 개인의 삶에도 똑같이 적용됩니다.

찾고 애쓴 끝에 마침내 빛을 보게 됩니다. "베드로가 가로되 애니아야 예수 그리스도께서 너를 낫게 하시니 일어나 네 자리를 정돈하라." 항상 이런 방법으로 일어납니다.

이 특별한 기적에 있어서 시간적인 면에 대해 한 마디 해야겠습니다. 이 말씀에 따르면, 이 사람은 즉시 일어났습니다. 서서히 일어난 것이 아닙니다. 그는 책을 많이 읽지도 않았고, 여러 모임에 참석하지도 않았습니다.

예전에, 주일학교와 성경 공부반에서 오랜 시간 동안 토의했던 일이 생각납니다. 그 토의의 주제는 '변화가 갑자기 일어났는가 점진적으로 일어났는가'였는데, 항상 두 편으로 나뉘어졌습니다. 그러나 나는 그 토의의 주제가 잘못되었음을 지적하고 싶습니다. 문제는 변화가 갑자기 일어났느냐 점진적으로 일어났느냐가 아니라 당신은 변화되었는가, 당신의 삶 전체가 변화되었는가, 하나님의 능력을 경험하였는가 하는 것입니다.

베드로는 애니아에게 단순하게 "그리스도 예수께서 당신을 완전하게 하셨습니다"라고 선포했습니다. 교회가 해야 할 중요한 직무는 갈피를 못잡고 방황하는 사람들에게 그리스도 예수가 우리 죄를 대신 지고, 그리고 우리를 완전하게 하고 자유케 하려고 이 땅에 오셨다는 것을 선포하는 일입니다.

8
신령한 지혜

"너희 중에 누구든지 지혜가 부족하거든
모든 사람에게 후히 주시고 꾸짖지 아니하시는 하나님께 구하라
그리하면 주시리라 오직 믿음으로 구하고 조금도 의심하지 말라
의심하는 자는 마치 바람에 밀려 요동하는 바다 물결 같으니
이런 사람은 무엇이든지 주께 얻기를 생각하지 말라
두 마음을 품어 모든 일에 정함이 없는 자로다"(약 1:5-8)

야고보서 1:5-8 말씀은 "여러 가지 시험을 만나거든 온전히 기쁘게 여기라"(약 1:2)는 놀라운 권면의 말씀 바로 뒤에 이어지는 내용입니다. 여기에서 야고보는 우리에게 부딪히는 어려움과 시험을 긍정적으로 바라보고, 이런 것으로 연단하게 하신 하나님께 감사하며, 그로 인해 우리가 큰 기쁨을 얻도록 하라고 말합니다. 이 말씀에 대해 보통 사람들은 "물론 훌륭한 권면이긴 하지만 인간으로서는 하기 어려운 것을 요구하는 것입니다. 이런 일은 전적으로 자신을 기독교인으로 헌신한 사람이나, 모든 시간을 기도와 묵상으로만 보내는 은둔자, 또는 세상이 주는 모든 것을 경멸하는 사람에게만 해당될 수 있습니다. 그렇기 때문에 이 종교는 보통 사람에게

는 너무나 비현실적입니다."라고 말하기 쉬울 것입니다.

그러나 이 말씀은 지독한 실용주의자로서 이와 유사한 생각을 했던 야고보에 의해 기록되었다는 것을 여러분에게 다시 한 번 상기시키고 싶습니다. 어떤 이는 "이 말씀은 나를 위한 것이 아니다"라고 말할 수도 있을 것입니다. 그러나 그러한 생각에 치우쳐 있으면 하나님이 주시는 가장 놀라운 축복 중 하나를 잃어버리게 되고 맙니다.

야고보는 하나님이 주고자 하시는 이 축복을 우리가 거부해 버린다고 지적합니다. 그러면서 그는 보이지 않는 장애물에 대해 다루어 나갑니다. 그는 도저히 이렇게 할 수 없을 것이라고 생각하는 자들에게 실제로 어떻게 이룰 수 있는지를 직접 보여 줍니다. 즉, 단순히 자신의 경험만 이야기하는 것이 아니라 적용하는 방법까지도 보여 줌으로써 우리의 생활에서 이를 적용할 수 있도록 도와주고 있습니다.

지혜에 대한 탐구

지혜라는 말은 성경에서 자주 찾아 볼 수 있습니다. 이 말은 대개 학식 있는 사람에게만 해당되는 것이었으며, 헬라인들은 지혜를 신비스러운 것에 대한 이해와 식견 및 통찰력으로 생각했습니다. 믿는 이들은 지식에 대한 욕망과 이해에 대한 탐구욕을 강하게 가지고 있었으므로 그들은 지혜를 얻으려고 노력했습니다. 그래서 지식 있는 사람들은 훌륭한 스승에게서 학문을 수학하는 데 많은 시간을 보냈으며, 웅변가들은 계몽과 지식에 대한 탐구에 있어 여러 가지 이론을 제시하면서, 삶의 의미에 대해 토론했습니다.

지혜란 말은 구약에서도 자주 언급되고 있습니다. 사실 구약의 어떤 부분은 제목이 '지혜의 문학'으로 붙여져 있기도 합니다. 그러나 구약에서 언급하는 지혜는 헬라인들이 일반적으로 알고 있는 지혜와는 매우 다른 것입니다.

성경에 나오는 지혜는 뛰어난 이해력이나 지적 능력이 아니라, 이것을 올바로 사용하는 능력을 말합니다. 다시 말해서 인간의 철학적인 이론을 이해하는 지적 능력을 가리키는 것이 아니라, 삶의 온전한 방향과 올바른 존재를 가리키는 것입니다.

야고보는 지혜라는 말을 헬라인의 관점이 아닌 히브리인의 관점에 한정해서 사용했습니다. 그렇기 때문에 본문에 나오는 야고보의 말은 "여러분 중 누구라도 이 기본적인 자세, 즉 중요한 견해가 부족하거든 하나님께 구하십시오…… 그리하면 받게 될 것입니다."라는 의미입니다.

지혜의 두 가지 길

오늘날 우리는 그 어느 때보다 더 단순하고 실제적인 것이 필요한 시대에 살고 있고, 우리에게 지혜가 부족한 점을 고려하여 실제적이 되도록 노력해야 합니다.

야고보는 현재 시련을 겪고 있으며, 극심한 어려움에 처해 있는 사람들을 위해 이 말씀을 기록했습니다. 그는 그들이 처해 있는 상황을 기쁨으로 여기라고 말합니다. 또한 그렇게 할 수 있는 지혜가 부족하다면, 그 지혜를 얻을 수 있는 방법을 가르쳐 주겠다고 말합니다. 무엇보다도 먼저, 어려운 상황에 처한 사람들에게는 그들의 환경을 기쁨으로 바라볼 수 있는 여유 있는 지혜가 필요합니다.

바울도 이 주제에 대해 종종 언급했습니다. 고린도 교회에 보내는 첫 번째 편지에서 그는 기독교인의 지혜와 헬라인의 지혜가 어떻게 다른지를 명확하게 보여 줍니다. 그는 "하나님의 지혜에 있어서는 이 세상이 자기 지혜로 하나님을 알지 못하는 고로 하나님께서 전도의 미련한 것으로 믿는 자들을 구원하시기를 기뻐하셨도다"(고전 1:21)라고 말합니다.

인간이 가지고 있는 지식이 아무리 많다 해도, 그 지식은 자신이 시험과 유혹에 빠졌을 때 이를 기쁨으로 여길 수 있도록 만들 정도는 되지 못합니다. 우리 주위를 돌아보거나, 위인전을 읽거나, 혹은 역사를 공부해봐도 이것은 충분히 증명됩니다.

인간이 자연적인 면에서는 매우 위대할 수 있으나, 어떤 특별한 경지에까지 오르지는 못합니다. 그렇게 하려면 삶을 완전히 새로운 각도에서 바라보아야 하기 때문입니다. 그러므로 우리는 삶에 대한 새로운 관점을 가지고 영적인 지식에 도달해야 합니다.

어떤 사람이 세상 것을 위해서만 일하며, 세상이 주는 것을 위해서만 살고 또 육신적인 안락과 편안함만을 위해 산다면, 게다가 그에게 있어서 이 세상이 전부라면, 오늘날 같은 시대에는 그가 좋아하고 원하는 것은 모두 그로부터 멀어지고 그가 싫어하는 것들만 그의 주변에 다가오기 때문에 그는 진정으로 행복해질 수 없을 것입니다. 그러나 그 가운데서도 오직 한 가지 방법만이 그를 행복하게 할 수 있는데, 이는 바로 영적인 시각에서 삶을 바라보는 것입니다. 이것은 인간의 눈으로는 볼 수 없을 뿐 아니라, 귀로도 들을 수 없는 것을 아는 것이며, 하나님이 그분 자신을 사랑하는 사람들을 위해 준비해 두셨다는 것을 깨닫는 것입니다.

우리는 하나님과 직접적으로 밀접한 관계를 가짐으로써 최상의 소유, 즉 예수 그리스도를 통해 맺어진 하나님과의 관계는 세상 그 무엇으로도 끊을 수 없다는 것을 알아야 할 필요가 있습니다.

우리는 우리에게 일어나는 일을 해결할 수 있는 지혜와 지식이 필요합니다. 뿐만 아니라 우리는 우리에게 일어나는 모든 일에서 최대한의 유익을 창출할 수 있는 삶을 살아야 할 필요가 있습니다. 따라서 우리에게는 하나님께로 가까이 갈 수 있게 계속적으로 이끄는 새로운 방법이 필요합니다.

보다 실제적인 문제는 주어진 환경에서 올바른 판단을 할 수 있는 지혜가 필요하다는 것입니다. 무엇을 해야 할지를 정확히 아는 것이 때로는 얼마나 어려운지 모릅니다. 어떤 행동을 취해야 하며, 또 어떤 반응을 보여야 하는지를 안다는 것이 무척이나 중요하다는 말입니다. 우리에게는 옳은 것과 최선책을 분별하여 행할 수 있는 지혜가 필요합니다. 내가 무엇을 해야 하는가의 갈림길에 섰을 때 우리는 어떤 길이건 선택해야 하는 문제에 부딪히게 됩니다. 그런데 여기서 또다시 세상적인 지혜는 아무 소용 없음이 증명됩니다. 우리가 가장 필요로 하는 것은 보다 숭고한 가르침, 곧 하나님으로부터 오는 지도인 것입니다. 우리에게 지혜가 필요한 것에 대하여 야고보는 이렇게 말합니다.

"삶에 있어서 최선의 일을 행할 수 있는 방법을 알기 위해서는 영적인 분별력이 필요합니다."

이 세상에서 특출한 몇 사람만이 지혜로운 일을 할 수 있으며, 지혜로운 사람이란 학식과 지식이 있는 똑똑한 사람이라고 생각하기 쉽습니다. 반면, 보통 사람과 보통 이하의 사람은 진정 지혜에 대해서는 아무 것도 모른다고 생각합니다. 그러나 성경 말씀을 보면, 이 지혜의 선물은 선택된 몇 사람만의 소유물이 아니라 모든 사람이 소유할 수 있다고 기록되어 있습니다.

야고보는 "너희 중에 누구든지"와 "모든 사람에게 후히 주시고"라고 말합니다. 이것이 가장 주목할 만한 것입니다. 세상의 철학자들은 이 놀라운 기적의 문제를 해결하는 데 여전히 실패했지만, 오히려 미련하며 낮고 천한 사람들은 이 문제를 해결하였습니다.

기독교 역사를 읽어 보면, 여기서 야고보가 사람들에게 제시하는 것이 다분히 현실적인 것이며, 수많은 사람들의 삶에서 실제로 행해졌던 것이었음을 알 수 있습니다. 하나님은 세상의 미련한 자들을 택하셔서 지혜 있는 자들을 부끄럽게 하셨습니다. 세상 사람들은 자신의 피나는 노력에도 불구하고 결코 그러한 경지에 도달할 수가 없었습니다.

우리는 평범하고 보잘것없는 사람의 이야기를 읽으면서 그가 고난 가운데서도 진정으로 기뻐했음을 알게 됩니다. 우리는 수세기 전에 하나님을 믿음으로 인해 고난받았을 때에도 하나님을 찬양한 노예의 이야기를 읽어 보았을 것입니다. 모든 것을 빼앗기고 감옥에 갇혔어도 여전히 하나님께 영광을 돌렸던 많은 사람들의 실례도 보았을 것입니다.

야고보가 기록한 이 말씀의 진실성은, 그들에게 일어난 모든 시련들은 단지 그들을 하나님께 더 가까이 갈 수 있도록 하기 위해서 만든 것임을 아는 것이며, 이것은 미천하지만 진실된 사람들의 삶에서 입증됩니다. 야고보는 이러한 지혜가 부족함을 느끼는 모든 사람은 그 지위에 상관없이 누구나 그것을 받을 수 있다고 말합니다.

어떤 사람은 이렇게 말할 수도 있을 것입니다.

"당신의 말이 정말 옳습니다. 그러나 이것은 내게 적용되는 것이 아닙니다. 나는 하나님과 상관이 없습니다. 나는 그를 거부했습니다."

바로 이런 사람들에게 야고보는 다음과 같이 말합니다.

"당신이 이제라도 하나님께로 돌아온다면 하나님이 당신에게 관심을 갖지 않을까봐 염려할 필요가 없습니다. 하나님은 아무 것도 꾸짖지 아니하십니다. 당신에게 지혜가 부족하다고 느껴서 하나님께 이를 구하면, 하나님은 후히 주십니다. 하나님을 의심하지 마십시오. 하나님을 의심하는 자는 아무 것도 주께 얻을 생각을 하지 마십시오"(약 1:6-7).

하나님이 원하시는 단 한 가지의 조건은 진심으로 하나님의 편에 서야 한다는 것입니다. 그분은 완전한 구별을 요구하십니다. 그 외의 모든 것은 우리 스스로가 그분과 바른 관계가 되도록 노력해 가야만 합니다.

여러분은 진정으로 하나님 편에 서 있습니까? 여러분 자신은 확실히 하나님께 복종할 마음의 준비가 되어 있습니까? 세상적인 모든 것을 버릴 각오가 되어 있습니까? 두 마음을 품지 않고 자신을 온전히 하나님의 편에 드리기로 결단했습니까? 그런 가운데 하나님께 신령한 지혜를 구하면, 확실히 받게 될 것을 믿습니다. 우리는 모든 것을 주 예수 그리스도 안에서 기쁨으로 여길 수 있도록 하는 영적인 이해력을 얻게 될 것입니다.

하나님은 우리 자신을 온전히 드릴 때 우리에게 그 한 가지 조건을 지킬 수 있도록 도와주시며, 그분의 신령한 지혜를 우리가 받을 수 있도록 허락하시는 것입니다.

우리가 어찌해야 할 바를 모를 때 우리 자신 그대로를 하나님께로 향하면, 하나님은 우리에게 필요한 지혜를 주십니다. 하나님은 우리를 꾸짖지 않으십니다. 우리의 코 앞에다 우리의 추악한 죄를 들이대지 않으시고, 우리을 받아주십니다.

하나님이 주시는 선물은 제한이 없습니다. 우리 스스로는 문제를 해결할 수 없습니다. 우리의 의료도 문제를 해결할 수 없습니다. 그러나 우리는 약하고 미련하며 죄가 많으나, 하나님께로 향하기만 하면 그분은 그것을 해결할 축복을 우리에게 주십니다.

단 한 가지 조건

한 가지 조건만 있을 뿐입니다.

"오직 믿음으로 구하고 조금도 의심하지 말라".

야고보는 의심하는 사람을 가리켜 바람에 밀려 이리 저리 요동하는 바다 물결 같다고 했습니다. 이런 사람을 가리켜 "두 마음을 품어 모든 일에 정함이 없는 자"라고 야고보는 기록합니다.

한 가지 조건이란 우리가 하나님을 믿어야 한다는 것입니다. 즉, 우리가 정말로 하나님 편에 서기를 원해야 한다는 것입니다. 많은 사람들에 있어서 문제점은 그들이 이러한 두 세계를 최대한 이용하려고 하는 것입니다. 그들은 자신이 정확히 어디에 서 있는지를 모릅니다. 그들은 기독교인이 되기를 원하나, 동시에 세상에 속하여 살기도 원합니다. 이렇게 그들은 양쪽 모두에 서기를 원합니다. 그래서 어떤 위기에 처했을 때는 하나님께로 향하지만, 만사 형통할 때는 하나님께 기도할 필요성조차 잊어버리게 됩니다. 또한 그들은 자신에 대한 확신이 없으므로 하나님에 대해서도 의심하게 됩니다.

야고보는 이런 사람을 가리켜 다음과 같이 말합니다.

"의심하는 자는 마치 바람에 밀려 요동하는 물결 같으니 이런 사람은 무엇이든지 주께 얻기를 생각하지 말라"(약 1:6-7).

한 가지 조건이란 하나님께 충성을 다해야 한다는 것입니다. 그분은 충성을 다하는 헌신을 요구하십니다. 그것도 티나 흠이 없는 전적인 헌신을 말입니다.

정말로 여러분은 하나님 앞에서 흠잡힐 것이 없습니까? 세상과 세상에 속한 모든 삶을 버릴 각오가 되어 있습니까? 하나님의 말씀을 온전히 받아들이며, 그분 앞에 충성을 다할 것을 다짐할 수 있습니까? 만일 그렇다면 여러분이 하나님의 지혜를 구할 때, 확실하게 그 지혜를 얻을 것입니다.

우리 주 예수 그리스도 안에서 기쁨을 누리는 자로서 우리는 영적 지식을 얻을 것입니다. 하나님은 우리가 그리스도께 순종하게 하실 것이며, 그 한 가지 조건을 이행할 수 있도록 지혜를 주실 것입니다.

9
어린 여종의 증언

"전에 아람 사람이 떼를 지어 나가서
이스라엘 땅에서 작은 계집아이 하나를 사로잡으매
저가 나아만의 아내에게 수종들더니 그 주모에게 이르되
우리 주인이 사마리아에 계신 선지자 앞에 계셨으면 좋겠나이다
저가 그 문둥병을 고치리이다 나아만이 들어가서
그 주인에게 고하여 가로되 이스라엘 땅에서 온 계집아이의 말이
이러이러하더이다"(왕하 5:2-4)

우리 기독교인들은 세상을 향해 복음의 메시지를 외쳐야 하는 중요한 임무를 가끔 잊어버릴 때가 있습니다. 게다가 오늘날은 그리스도의 복음을 일반적인 의미로 단순히 현재 상황에 맞게 적용하려는 경향이 있습니다. 이 단원에서는 세계에서 서로 대립하고 있는 힘에 대한 이야기를 나누면서 현재 여러 국가들이 처한 상황을 생각해 보고, 그러한 일반적인 상황에 복음의 메시지를 적용시키려고 합니다.

오늘날 전해지는 여러 설교와 강연들은 기독교적인 독특한 특성이 없는 것 같습니다. 심지어 전혀 비기독교적인 사람에 의해 전해진 것같이 보일 때도 있습니다. 만약 우리의 메시지

가 믿지 않는 강연가에 의해 전해질 수도 있는 것이라면, 그 메시지는 특별히 기독교적인 것이라고 할 수 없습니다.

신약 성경을 읽어 보면, 초대 교회 당시의 기독교인에 의해 전해진 메시지는 세상에서 일반적으로 알던 것과는 완전히 다름을 발견할 수 있습니다. 그것은 다른 아무에게도 제공할 수 없는, 진실로 기독교인들을 구원하는 독특한 메시지였습니다. 기독교인의 해야 할 일은 세상이 할 수 있는 것, 그것이 최선의 것이며 최상의 것이라 할지라도 그것과는 완전히 구별되는 것이어야 합니다.

기독교인은 믿음 그 자체가 제공하는 주목할 만한 독특성을 인식하는 데 실패합니다. 성경과 교회의 역사를 보면 모두 특별한 기회가 교회와 각 기독교인 개인에게 주어지는 시기가 있다는 사실을 보여 주고 있습니다.

믿지 않는 사람들은 기독교를 보고, 세상 문제에 대한 해답을 그리스도의 복음 안에서 찾으려고 하다가 끝내 찾지 못합니다. 그 안에는 그리스도인의 기회만 들어 있기 때문입니다. 우리는 이런 기회를 붙잡아 세상 사람의 영혼의 소망을 만족시키는 하나님과 만나도록 하기 위해 노력해야 합니다.

미천한 자의 지혜

구약 성경에 나오고 있는 나아만의 이야기로 주의를 환기시켜 볼까 합니다. 하지만 나아만에게 특별히 주의를 기울이기

보다는 그의 집에서 일하는, 이름도 모르는 작은 여종에게 주목해 봅시다.

여기서 우리는 하나님이 세상의 약한 자들을 택하여 강한 자들을 부끄럽게 하시는 방법에 대한 한 가지 예를 볼 수 있습니다. 또한 우리는 이 이야기에서 기독교 신앙은 무엇에라도 결코 정복당하지 않는다는 것도 볼 수 있습니다.

진실한 기독교인이라면 어디에 처해 있든지 간에 필연적으로 승리하게 되어 있습니다. 혹 재난에 처해 있더라도 결국은 승리하게 됩니다. 기독교인은 그리스도 밖에 있는 어떤 것보다도 가장 위대한 지식을 소유하고 있기 때문입니다. 그래서 가장 천한 기독교인이라도 어떤 위대한 불신자보다 더 월등한 것입니다.

여기에서는 가장 천한 일을 하고 있지만 아람왕의 위대한 군대 장관조차도 전혀 몰랐던 것을 알고 있었던 한 어린 여종의 이야기를 언급하고 있습니다.

성경을 읽을 때 우리는 아주 보잘것없는 사람이 어떤 시점에서는 지식과 이해의 능력을 가진 자로 등장할 때처럼 흥미로운 것은 없습니다. 우리 주님도 제자들을 택하실 때 왕궁으로 가시지 않았습니다. 그분은 신분이 낮고 천한 어부와 일꾼들을 택하셨습니다. 이런 이유 때문에 산헤드린 공회의 회원들은 '어떻게 이런 무식한 사람들이 능력 있는 기적을 행할 수 있는가'라고 야유하기도 하였던 것입니다.

나아만의 생활은 그의 지위와 권세에도 불구하고 근본적으로 실패하고 말았습니다. 그는 정말로 불행했습니다. 문둥병이 들자 그는 모든 것을 포기해야 했습니다. 과거에 그의 존재가 얼마나 권세 있고 영광스러웠는가, 그리고 앞으로 얻을 명예가 아무리 많다한들 병든 몸으로 무슨 소용이 있겠습니까? 그의 문둥병이 이 모든 것을 망쳐놓았는데 말입니다.

이처럼 세상이 우리에게 줄 수 있는 모든 것은 또한 우리를 아무 것도 아니게 만들 수도 있습니다. 이것은 과거나 현재 모든 시대에 있어서 삶에 대한 완벽한 비유가 됩니다.

죽음이라고 부르는 암과 같은 질병이 우리에게 와서 인생을 망치고 결국엔 궁지에 빠뜨리고 맙니다. 어떤 사람이 인간이 가질 수 있는 모든 권력을 가질 수는 있으나 인생의 가장 중요한 문제를 해결하지 못한다면, 그는 결국 불행해질 수밖에 없습니다. 그러나 기독교인의 복음은 이러한 문둥병에 대한 절실하고 중요한 욕구를 만족시킬 수 있는 단 하나의 지식인 것입니다.

다시 말해서, 기독교의 기능은 인생의 중요한 문제를 다루며 해결해 주는 것입니다. 따라서 교회가 교회의 역할을 실현하려고 노력하지 않으면 그것은 교회의 참된 기능을 소홀히 하는 것입니다.

인간의 내면에서 발견되는 불행과 비참함의 궁극적인 원인은 어떤 전쟁의 결과로써 나타나는 것이 아닙니다. 그것은 바로 죄 때문에 생깁니다. 그러므로 기독교인들의 위치에서 온전한 축복은 비록 우리가 어떤 국제적인 문제를 해결할 수는 없을지라도, 작은 여종이 나아만의 문둥병이 치유될 수 있는 비결을 알고 있었던 것처럼 죄의 문제를 해결하는 방법을 알고 있는 것입니다.

지식과 증언

가장 비천하고 신분이 낮은 기독교인일지라도 이 위대한 지식을 다른 사람에게 전할 수 있습니다. 작은 여종은 문둥병의 학적인 특성에 대해서는 아무 것도 몰랐습니다. 그러나 그녀는 '그 병을 고칠 수 있는 선지자가 있다는 사실'을 알았기 때문에, 단지 엘리사에 관한 정보만을 나아만에게 전해 주었던 것입니다.

기독교인들은 대부분 어떤 특별한 소수의 사람만이 전도자의 사명을 감당하도록 부르심을 받았다고 여기는 경향이 있습니다. 그러나 하찮은 기독교인이라도 죄의 문제를 스스로 해결할 수 있는 사람으로 부름받을 수 있으며, 죄의 고통으로부터 사람들을 해방시키는 사명자로 쓰임 받을 수도 있습니다.

개인적인 문제를 한 번 질문해 보겠습니다. 여러분은 현재 여러분 자신의 안락만을 위해 살고 있습니까. 그렇지 않다면 무거운 짐진 심령에게 평안과 기쁨을 주려고 노력하고 있습니까? 우리는 삶을 비관하고 절망하는 탄식 소리와 세상이 허무하다는 소리를 자주 듣습니다. 그런 사람들을 위해 여러분은 무엇을 하고 있습니까?

이 작은 여종의 마음은 주인이 문둥병으로 고생할 것을 생각하고는 동정심과 슬픔으로 가득 찼습니다. 그리고 그것은 여종의 마음에 무거운 짐이 되어 자신이 알고 있는 것을 주인에게 알려야 한다고 생각하게 되었던 것입니다.

여러분은 영혼의 짐에 대해 알고 있습니까? 어려움과 절망의 중압감으로 인해 슬픔을 느낍니까, 아니면 그저 종교를 교리적으로만 만족하고 한번도 다른 사람에게 말씀을 전하지 않았습니까? 우리가 죄로 인해 죽어가고 있는 영혼들에게 복음을 전하기만 하면 그들은 그와 같은 질병에서 완전히 치유될 수 있는데 말입니다.

이 작은 여종은 깊은 영적인 동정심을 소유했습니다. 여종과 그의 가족들이 나아만에 의해 포로로 잡혀왔기 때문에 그를 고통받도록 내버려두는 것은 어쩌면 당연한 일이었을 것입니다. 그러나 과거 나아만의 잘못에도 불구하고 그녀는 그의 모든 것을 용서했습니다. 우리는 이같은 마음을 본받아야 합니다.

이 작은 여종이 엘리사의 능력을 확신한 것은 매우 놀랄 만한 일입니다. 그러나 우리는 그 선지자보다 더 위대한 분을 볼 수 있습니다. 전지 전능하시고 우리를 죄에서 구하시려고 죽으신 하나님의 아들 예수 그리스도 말입니다. 그분에게 있어서 감당할 수 없는 죄란 없습니다. 그분은 우리의 모든 죄를 용서하셨습니다.

하나님은 우리가 믿지 않는 사람들에게 하나님께로 나오기만 하면 하나님은 죄와 두려움에서 해방시켜 주시며, 새로운 삶을 주시는 예수 그리스도에 관해 전하도록 능력과 기회를 부여해 주십니다.

10
십자가는 구원에 이르는 길

"우리는 십자가에 못박힌 그리스도를 전하니……"(고전 1:23)

최근에 나는 기독교인의 신앙에 있어서 진리에 관한 중요한 질문을 받은 적이 있습니다. 그 질문은 바로 "어째서 십자가가 하나님이 인간을 구원하시는 길이라고 믿습니까?"라는 것이었습니다.

우리는 세상 누구에게나 무슨 일이 일어나든지 간에 결국은 전적으로 하나님께 의지해야 한다는, 이 가장 중요하고 실제적인 문제에 대해 생각하는 시간을 가져야 합니다. 이것은 이 세상에서의 운명을 초월한 영원한 생명에 관한 문제이기 때문입니다.

어떤 의미에서는, 기독교인이 전하는 말은 언제나 십자가에 대한 것이어야만 합니다. 그러나 가끔은 우리가 십자가를 생각하고 그 증거를 다시 한 번 살펴보면서, 왜 우리가 믿어야 하는 것인가를 깊이 사고해 보아야 할 필요가 있습니다. 그렇게 하지 않으면 우리 기독교인의 생활 전체와 관련된 근원으로부터 자칫 벗어날 위험이 있기 때문입니다.

단 한 번의 설교로 왜 십자가가 하나님이 인간을 구원하시는 것인지에 대한 광대한 주제를 자세하게 다룰 수는 없습니다. 그러나 나는 신약 자체만으로도 이 질문을 왜 생각해야 하는지 그 기본 개요는 제공받을 수 있다고 생각합니다.

"왜 십자가가 하나님이 인간을 구원하시는 방법입니까?"
이 질문에서 나는 '왜'라는 단어에 관심을 가지는데, 이는 명백한 이유를 가리키기 때문입니다. 어떤 사람은 십자가 앞으로 나오는 순간, 그 이유에 대해 고민하는 것을 그만두어도 된다고 생각합니다. 그러나 그러한 생각은 신약 성경의 가르침과는 완전히 어긋난 것입니다.

때로 그렇게 말하는 사람에 대해서 이야기할 때 "성경에 대한 그의 견해는 모두 잘못된 것 같지만, 십자가에 대해서는 매우 정통적입니다."라고 말할 수도 있을 것입니다. 왜냐하면 그가 십자가에 대해 장황하게 말을 한다면, 십자가에 관한 그의 견해는 당연히 옳아야 할 것이니까요.

그리고 우리 주님의 죽음을 수동적인 한 예에 불과하다고만 해석하고 그 이상의 의미로는 보지 않는 사람들이 있습니다. 그러면서도 우리가 십자가로 가까이 가고자 할 때는 그외에 다른 교리에 대해 알려고 할 때보다 더 깊이 생각합니다.

성경의 가르침

하나님이 인간을 구원하시기 위해 십자가를 준비하셨다고

믿는 이유에는 여러 가지가 있습니다. 가장 확실한 첫 번째 이유는, 이것은 분명히 성경에서 가르치는 사실이라는 것입니다. 이것은 주로 계시된 것이지 경험으로 된 것이 아닙니다. 경험만으로는 십자가가 어떻게 인간을 구원하는지를 설명해 주지 못하며, 또 설명해 줄 수도 없습니다. 진리만이 이에 대한 가르침과 이해를 줄 수 있으며, 또한 이 진리는 하나님의 말씀에서만 찾을 수 있습니다. 그렇기 때문에 성경을 떠나서는 아무도 십자가가 하나님이 인간을 구원하시는 길이라고 말할 수 없는 것입니다.

철학적인 견지에서 하나님께 접근한다고 말하면서 항상 하나님을 탐색하는 데 몰두하는 사람들이 있습니다. 하지만 그들에게 있어서 십자가는 진정으로 가치 있는 것이 아닙니다. 그들은 경험에만 중점을 두고 그 외의 모든 것은 배제하려 합니다. 그러나 그들의 경험이 무엇이든 간에 성경의 가르침에 기초를 두지 않는 한, 그들은 자신들의 경험이야말로 진실한 것이라고 부추기는 악한 무리에 의해 쉽게 현혹될 것입니다.

십자가에 대한 가르침은 성경 어디에서나 발견할 수 있습니다만, 특히 사도행전은 기독교에 대한 첫 번째 설교와 가르침을 확실하게 보여 주는 말씀이라고 하겠습니다.

오순절이 지난 후 예루살렘에서 베드로는 주님의 죽음을 '하나님의 확실한 계획과 예지'의 결과라고 설교했습니다. 즉, 베드로는 유대인들이 그리스도를 로마 정부에 넘겨 주었음에도 불구하고, 어떤 면에서는 그들이 그리스도의 죽음에 직접적인 책임이 있는 것이 아니라 단지 하나의 도구로 사용되었을 뿐이라고 말했습니다. 그러면서 베드로는 그것이 영원과 관련된 것이라고 암시해 주었습니다. 또한 그는 하나님이 이 사건과 함께하셨다고 말했습니다.

사도행전에 나타난 바울의 가르침을 연구해 보면, 그와 똑같은 말을 했음을 알게 됩니다. 바울의 말을 완전히 이해하게 하는 중심 구절은 사도행전 17장에 나타나 있습니다. 그는 데살로니가 회당으로 들어가서 "세 안식일에 성경을 가지고 강론하며 뜻을 풀어 그리스도가 해를 받고 죽은 자 가운데서 다시 살아야 할 것을 증명하고 이르되 내가 너희에게 전하는 이 예수가 곧 그리스도라 하니"(행 17:2-3)라는 말씀을 전했습니다. 또한 바울은 구약 성경에 나타나 있는 메시야에 대해 매우 혼동하고 있는 사람들을 향해 십자가가 그들에게 걸림돌이 되었다고 말했습니다. 그러나 그들은 결코 그리스도가 '해를 받아야 한다'고는 생각하지 않았습니다. 그래서 바울은 유대인들에게 구약 성경에 나오는 예언자들이 말한 메시야가 바로 죽었던 구세주이심을 증명하려고 했던 것입니다.

십자가는 모든 사도들의 서신 중에서 가장 핵심이 되는 가르침입니다. 일반적으로 바울 서신과 다른 서신을 구별할 때, 십자가에 대해 강조하는 것을 바울 서신의 특징으로 봅니다. 그러나 실제로는 모든 서신이 같은 내용을 전하고 있습니다.

베드로는 서신을 받는 성도들에게 은이나 금이 아닌 그리스도의 피로써 구속받았음을 상기시킵니다. 또한 요한은, "우리가 만일 우리 죄를 자백하면 저는 미쁘시고 의로우사 우리 죄를 사하시며 모든 불의에서 우리를 깨끗케 하실 것이오"라고 말하고 있습니다. 이러한 십자가에 대한 가르침은 요한계시록에서도 발견할 수 있습니다.

복음에 있어서의 십자가

다음과 같이 묻는 사람도 있습니다.
"그러면 복음서는 어떻습니까?"
최근 들어서 복음서에는 십자가에 대한 가르침이 거의 없으며, 설령 있더라도 아주 조금밖에 없다는 주장이 제기되었습니다. 또한 바울이 자기의 율법주의로 인해 그리스도의 가르침을 일종의 신화로 변화시켜, 그 가르침을 기초로 특정의 유대주의 율법을 만들었다는 주장도 나오고 있습니다.

이 주장에 대한 대답은 두 가지로 언급할 수 있습니다. 한 가지는 복음서에 들어 있는 십자가에 대한 가르침이 사도행전이나 서신서에서 발견된 것만큼 많지 않은 것이 당연하다는 것입니다.

우리 주님이 어느 날 제자들에게 "내가 아직도 너희에게 이를 것이 많으나 지금은 너희가 감당치 못하리라"고 말씀하신 것을 기억해 보십시오. 여기서 '이를 것'이라는 의미는 그분의 죽으심을 뜻하는 것이 확실합니다. 그리스도께서 제자들에게 자신이 죽을 것을 말씀하셨을 때, 제자들은 충격을 받았지만 그 말을 이해하지는 못했습니다. 사실 성경에는 제자들이 그리스도의 부활 이후에야 비로소 십자가의 의미를 깨닫기 시작했다고 기록되어 있으니까요.

또한 우리 주님은 엠마오로 가는 두 제자와 동행하면서 그들에게 성경에 기록되어 있는 대로 "그리스도가 고난을 받아야 인간의 구원이 성취될 수 있음"을 가르쳐 주셨습니다.

복음서에서 십자가와 직접적으로 관련된 가르침을 많이 발견할 수는 없다 하더라도, 실제로 깨닫게 되는 가르침은 무척이나 큰 것입니다. 세례 요한은 "보라 세상 죄를 지고 가는 하나님의 어린양이로다"라고 말했습니다.

마가복음 10장보다 더 십자가의 의미에 관해 직접적인 이론을 언급한 것은 찾을 수 없을 것입니다.

"인자의 온 것은 섬김을 받으려 함이 아니라 도리어 섬기려 하고 자기 목숨을 많은 사람의 대속물로 주려 함이니라"(막 10:45).

신약 성경 전체에서 뿐만 아니라 구약 성경에서도 직접적인 예언과 상징 및 간접적인 예시로 이 가르침을 확실하게 보여주고 있습니다. 왜 하나님은 아벨의 제사만 받으시고 가인의 제사는 받지 않으셨습니까? 그 해답은 단 하나뿐입니다. 그것은 피의 제사였기 때문입니다.

아브라함과 이삭의 이야기가 주는 의미는 무엇입니까? 하나님이 자신의 독생자를 십자가의 희생 제물로 바칠 것에 대한 예시라는 것을 제외하고는 달리 어떻게 이것을 적절히 설명할 수 있겠습니까? 제사 의식이나 구약의 의식들과 함께 성막에 대한 상세한 지시 또한 우리에게 십자가를 말씀하시려 했다는 것을 배제하면 아무런 의미가 없어집니다. 여러 절기, 특히 유월절 같은 절기를 갈보리를 떠나서 무엇으로 설명할 수 있겠습니까?

그러므로 나는 십자가는 확실히 성경에서의 가르침대로 하나님이 인간을 구원하시는 단 하나의 방법이라고 믿습니다.

우리는 십자가에 대한 가르침을 받아들이는 순간 자신의 내부에서 그것에 대한 가르침을 깨닫게 되는 놀라운 일을 경험하게 될 것입니다. 동시에 '왜 우리는 성경 말씀을 받아들이는 것 외에도 이성과 판단력에 의해 십자가가 인간을 구원하는 하나님의 방법이라는 것을 믿는가'라는 의문점도 생길 것입니다.

하나님은 왜 자신의 아들을 십자가에서 죽게 하셨습니까? 그것은 그외에는 다른 방법이 없었기 때문입니다.

현대인의 사랑에 대한 불분명한 생각으로는 용서가 매우 간단한 문제일 수 있지만, 바울의 말에 따르면 하나님께는 용서가 기적과 같은 매우 크나큰 문제였습니다. 왜냐하면 그것은 하나님의 거룩하신 속성 때문입니다.

하나님은 거룩하시고 또한 의로우십니다. 어떻게 하나님이 한편으로는 의로우셔서 믿지 아니하는 자들의 심판자가 되어 그들을 죄로 인해 죽게 벌하시고, 또 한편으로는 죄인들을 용서해 주실 수 있겠습니까? 그것은 단지 하나, 즉 십자가의 길로만 이해할 수 있습니다. 그래서 그리스도가 우리의 죄를 담당하셨으며, 우리는 그 안에서 하나님의 용서하심을 얻을 수 있는 것입니다.

이것이 바로 하나님이 우리를 죄에서 구속하시려고 갈보리에서 하신 일입니다. 십자가는 아버지와 아들 사이의 영원한 화해입니다. 따라서 우리는 이 문제에 대한 성경 말씀을 확신할 수 있어야 합니다.

죄에 대한 증언

십자가가 하나님 편에서 필수적인 것이라면, 인간 편에서도 마찬가지입니다. 죄가 무엇을 의미하는지를 알 수 있는 것도 바로 십자가뿐입니다. 우리는 죄가 의미하는 것을 알지 못하고는 절대로 구원받을 수 없습니다.

죄란 단순히 표적을 벗어난 것뿐만이 아닙니다. 그보다 훨씬 더 엄청난 것입니다. 죄의 힘으로부터 인간을 구해내기 위해 하나님의 아들이 죽어야 했을 만큼 죄악은 엄청난 것이었습니다. 우리 스스로는 죄에서 해방될 수 없습니다. 내가 나 자신의 선행으로 자신을 구원하기 위해 어떤 선한 일을 행할 수 있겠습니까? 인간이 자신의 노력으로 스스로를 구원할 수 있었다면 그리스도께서 오실 필요가 전혀 없었을 것입니다. 그러나 그분은 오셨습니다. 그리고 십자가에서 죽으셨습니다. 십자가에서 나는 나 자신의 무력함뿐 아니라 나의 구세주를 볼 수 있었으며, 그 안에서 내가 용서함 받았음을 알게 되었습니다.

죄에 대해서도 이같은 진리는 마찬가지로 적용됩니다. 내가 어떻게 죄의 힘에서 해방될 수 있겠습니까? 이 해답은 역시 십자가에서 찾아야 합니다. 나는 나를 넘어지지 않도록 십자가에서 지켜 주시는 분을 봅니다. 그분은 죄와 죽음의 권세를 이기셨으며, 유혹에서 굳게 붙잡아 주십니다. 진실로 내가 죄를 미워하는 것을 배우는 것은 십자가를 바라볼 때뿐입니다. 왜냐하면 십자가와 관련해 보면, 그분이 보혈이라는 값을 주고 나를 사신 바 되어 더 이상 나는 나 자신의 것이 아니기 때문입니다.

이렇게 볼 때 십자가는 하나님이 인간을 구원하시는 유일한 방법입니다. 십자가만이 하나님의 요구와 인간의 필요를 만족시켜 줍니다. 이제, 마지막으로 사도 바울의 고백을 묵상해 봅시다.
"하나님께서는 내가 우리 주 예수 그리스도의 십자가 외에는 자랑하는 것을 금하시느니라".

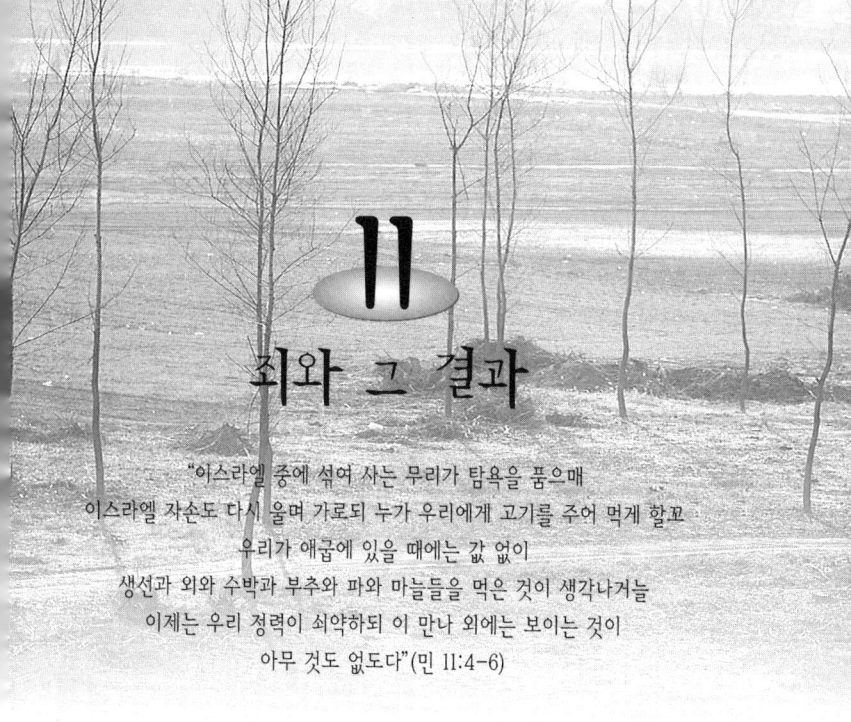

11
죄와 그 결과

"이스라엘 중에 섞여 사는 무리가 탐욕을 품으매
이스라엘 자손도 다시 울며 가로되 누가 우리에게 고기를 주어 먹게 할꼬
우리가 애굽에 있을 때에는 값 없이
생선과 외와 수박과 부추와 파와 마늘들을 먹은 것이 생각나거늘
이제는 우리 정력이 쇠약하되 이 만나 외에는 보이는 것이
아무 것도 없도다"(민 11:4-6)

유대인의 역사 가운데 한 가지 특별한 사건에 주목하고, 그것을 통해서 죄의 문제를 생각해 보기로 하겠습니다. 만약 순수하게 신학적으로나 또는 학문적인 자세로만 죄를 다룬다면, 어떤 사람들은 이렇게 말할지도 모릅니다.

"물론 그와 같은 주제에 관심 있는 사람은 괜찮을 것입니다. 그러나 그것은 우리와는 아무 관계도 없습니다."

이러한 반응은 현대인의 생활 속에서 실제로 발생하는 죄 문제를 토론하는 데는 적합한 대답이 되지 못합니다. 그것은 현대의 실제적인 사건을 순수하게 이론적인 문제로만 생각하기는 어려운 일이고, 그렇게 되면 사람들이 관심을 갖지 않을 지도 모르기 때문입니다.

우리가 죄 문제를 다룸에 있어서 어떤 사람은 다음과 같이 질문할 수도 있을 것입니다.

"당신은 그와 같이 완전히 부정적인 문제를 논하는 데 시간을 허비하시렵니까? 왜 긍정적인 주제를 다루지 않으십니까? 확실히 당신은 기독교의 특성 때문에 함정에 빠져 있는 것 같습니다. 이제 당신은 추하고, 사악하며, 불결한 것을 논하는 데 시간을 보내기보다는 예수님의 선하심과 하나님의 사랑에 대해서 얘기하고, 아름다운 진리에 대해서 생각하는 데 투자하는 것이 훨씬 더 좋을 것입니다."

설교를 듣는 데 있어서 이러한 자세는 완전히 잘못된 것입니다. 그런 비평은 '설교는 항상 사람들에게 꼭 필요한 것보다는 바라는 것을 주어야 한다' 는 맹목적인 것입니다. 그러한 생각은 인간이 하나님의 사명자들에게 어떤 것을 요구할 권리가 있다는 의미가 됩니다. 그런데도 이것이 설교에 대한 일반 대중의 견해입니다.

이것은 오늘날 세계가 처한 상황을 말해 주고 있습니다. 우리는 모두 언젠가는 치과 의사 앞에 있는 듯한 우리 자신을 발견하게 될 것입니다. 그리고 의사가 우리에게 주는 고통에 대해서 원망할 것입니다. 그의 치료를 저지하기 위해서 그의 손목을 움켜 잡을지도 모릅니다. 그러나 의사는 그의 치료가 당장은 우리를 기분좋게 하지는 않지만 결국에는 우리에게 유익을 준다는 것을 분명히 알고 있기 때문에 치료를 계속할 것입니다. 이처럼 일시적인 고통이 영원한 치료가 된다는 것이 기본적인 원리입니다.

설교에 있어서도 마찬가지입니다. 말씀을 전할 때 불쾌한 주제를 말하기 즐겨하는 설교자는 하나도 없습니다. 그러나 그가 자신의 임무에 충실하다면, 또한 하나님의 경고의 말씀을 전할 의무가 있다면 그는 마땅히 그렇게 해야만 하는 때도 있습니다.

덧붙인다면, 설교를 할 때 부정적인 것을 먼저 다루지 않고 단번에 긍정적인 것을 다루는 것은 어리석은 생각입니다. 여러분은 고통스러워하면서 의사에게 불평하는 사람을 어떻게 생각하십니까?

"선생님, 나는 당신이 나를 치료하기를 원치 않습니다. 내가 당신에게 원하는 것은 내 고통을 없애주는 것뿐입니다."

여러분은 그런 사람을 아마 어리석은 바보라고 생각할 것입니다. 분명하게 말하지만 죄의 문제를 논하는 것에 반대하는 사람도 그와 똑같은 바보입니다. 그 환자가 필요한 것은 고통의 제거뿐입니다.

죄의 설교를 반대하는 자들은 그 주제에 관한 그들의 모든 견해가 하찮은 것이라고 말할 것입니다. 그러나 세상 사람들 중에서 누구보다도 바로 그들이 그런 메시지가 필요한 자들입니다.

인간은 죄에 대해서 근본적으로 잘못된 견해를 가지고 있는데, 이것은 두 가지 면에서 나타납니다. 하나는, 인간이 죄를 단순히 행동과 활동에 관련된 것으로만 간주하려는 경향입니다. 그래서 죄를 엄청난 질병으로 보는 대신에, 단순한 두통거리로밖에 보지 않습니다. 두통은 전혀 몸에 어떤 해를 주지 않고 잠시 지나가는 가벼운 병일지도 모릅니다.

반면에, 또 다른 하나는 인간의 신체 깊숙이에서 잘못되어 있는 병의 징후를 보여 주는 것일지도 모릅니다. 이러한 경향은 죄가 인간의 중심부를 강타하는 지독한 질병인 때에도 그것을 단지 외부 환경에서 일어나는 어떤 것으로만 간주하려 합니다. 곧 죄가 바로 우리의 인간성을 공격하는 것일 때에도 그런 이유로 가볍게 간주하는 것입니다.

비록 인간이 악한 삶을 살고 있을지라도 원래는 선한 마음을 갖고 있었다는 말을 자주 듣게 되는 이유도 바로 여기에 있습니다. 또한 죄와 거듭남과 회심의 필요성에 관한 설교에 대하여 그처럼 심한 반대가 있어 온 것도 바로 이러한 이유 때문입니다.

그러므로 죄의 문제는 우리가 정면으로 직면해야만 할 문제입니다. 여러분은 다음과 같은 두 견해 중 어느 것이 옳다고 생각합니까? 죄에 대한 현대인적인 견해입니까, 아니면 죄가 바로 그 근본 자체에 있어서 삶을 더럽히고 망치는 악한 요소라고 선언하는 성경적인 견해입니까?

분명히 단 한 번의 설교에서 이 주제를 자세히 다룬다는 것은 불가능합니다. 우리는 유대 민족의 역사 가운데에서 이 사건을 연구하면서 죄에 대한 보다 더 확실한 것을 배우게 될 것입니다. 우리가 그들의 역사를 살펴보았듯이 우리 자신을 살펴봅시다.

이스라엘 백성이 모세를 통하여 애굽의 속박으로부터 구출된 사건은 그리스도가 인류를 위하여 이룩해 놓을 구원의 예표였습니다. 이러한 구약 성경의 사건들은 역사적인 중요성을 가지고 있는 동시에 주를 믿는 사람들이 그리스도 안에서 무엇을 해야 할지를 제시해 주는 말씀이기도 합니다.

우리는 민수기의 사건에서 죄의 본성을 세 가지의 관점에서 생각해 볼 수 있습니다.

첫째, 이 사건은 죄의 온전한 어리석음을 보여줍니다. 그리고 죄를 광란의 형태로서 묘사합니다. 성경은 죄가 인간의 마음에 영향을 끼치는 것으로 가르칩니다. 따라서 죄의 가장 큰 비극은 능력이 있는 인간에게 크나큰 영향을 준다는 것입니다. 신·구약 성경을 보면, 그러한 죄의 영향에 대한 언급이 수없이 많이 나타나 있습니다.

이사야는 이렇게 말했습니다.

"소는 그 임자를 알고 나귀는 주인의 구유를 알건만은 이스라엘은 알지 못하고 나의 백성은 깨닫지 못하는도다"(사 1:3).

예레미야도 이와 비슷한 말을 했습니다.

"공중의 학은 그 정한 시기를 알고 반구와 제비와 두루미는 그 올 때를 지키거늘 내 백성은 여호와의 규례를 알지 못하도다 하셨다 하라"(렘 8:7).

이것은 미물인 동물조차도 자기의 처지를 알고 행동하는데, 인간이 어리석은 행동을 한다는 말씀입니다. 동물들은 본능에 의해서 행동합니다. 그러나 하나님은 인간을 동물보다 더 위대하게 만드셨습니다. 그리고 하나님은 인간에게 이성적인 힘을 주셨습니다. 그렇지만 인간은 자신을 동물들과 같은 수준은 고사하고 보다 더 낮은 수준으로 자신을 끌어내림으로써 실패하고 말았습니다. 이것이 죄의 어리석음입니다.

민수기에 보면 유대 백성들은 굶주림에 못이겨 애굽으로 다시 돌아갈 열망을 나타냅니다. 일터의 감독들에게 매질을 당해야 했고, 자신의 아이들이 학살당하는 것을 지켜보아야 했던 그들이 혐오감은 커녕 그러한 생활을 다시 원한다는 것이 과연 가능한 일입니까? 그러나 유대 백성들은 그렇게 되길 원했습니다. 그런 태도를 적절하게 한 마디로 묘사한다면, "말로 표현할 수 없는 어리석음"이라고 밖에 할 수 없습니다. 이것이 죄의 특성입니다.

인간은 계속해서 죄를 짓습니다. 그리고 그 결과로 고통을 당합니다. 그러면 우리는 다시는 결코 그런 생활을 결코 원하지 않을 것으로 결심합니다. 그러면서도 똑같은 일을 다시 반복합니다. 자신에게 고통과 후회만을 가져오게 한 바로 그 일을 말입니다. 죄는 우리를 바보로 만들 뿐 아니라 불합리하고 분별없이 행동하도록 만듭니다.

우리가 이 문제를 더 깊이 연구해 보면 언제나 죄와 함께 공존하는 환멸을 발견케 됩니다. 유대 민족이 애굽에서 보냈던 고난의 날들을 다시 갈망하면서 그리워했다는 사실을 설명할 방법은 이것밖에 없습니다. 죄는 그들의 감정을 움직여서 단지 거기에서 즐겼던 기름진 음식들을 기억나게 했습니다. 일터 감독들의 매질이나 아이들의 대학살에 대해서는 전혀 언급이 없습니다.

이렇게 죄는 언제나 인간에게 즐거운 것만을 기억시키고 불쾌하고 어려웠던 것들은 잊어버리게 하는 아주 저급하고 유치한 태도로 작용하는 지능적인 것입니다.

죄는 어리석음입니다. 그러나 그 죄의 절정은 죄 가운데 있는 인간이 자신의 어리석음을 깨닫게 하려고 애쓰는 자에게 감사하기는 커녕, 오히려 그 충고를 원망하고 교훈을 거부하는 데 있습니다.

여러분은 이성에 근거한 삶을 살고 있습니까? 논리적인 자세로 자신의 행동에 대해서 생각하고 있습니까, 그렇지 않으면 좋아하고 즐거운 것들에만 관심을 가집니까?

죄의 두 번째 특성은, 변질자가 되게 하는 것입니다. 죄는 단순히 마음과 생각에만 영향을 주는 것이 아니라 우리의 본성을 비뚤어지게 합니다. 다시 말해서, 죄란 모든 것에 영향을 끼친다는 것입니다. 인간이 하나님의 요구하심을 듣지 않는 것은 물론이고 하는 것조차도 거부하는 것입니다. 즉, 우리 마음에서 나온 악한 본성이 예수님을 거역했던 것입니다.

이렇게 죄가 변질자로 되게 하는 모습은 유대 민족의 역사 속에서도 볼 수 있습니다. 이스라엘 백성들은 애굽의 풍성한 음식만을 바라는 것은 아니었습니다. 그들의 죄의 심각함은 '만나'에 대한 태도에서도 여실히 보여 줍니다.

"이제 우리 영혼은 메말랐다. 우리 앞에는 식량이 만나 외에는 아무 것도 없다."

그들의 한 이 말 속에는 경멸과 조소가 들어 있었습니다. 그들은 하늘로부터 내려온 만나에 대해 감사하기는 커녕 오히려 경멸했습니다. 그런 태도를 취했던 그들의 무지를 생각해 보십시오. 하늘에서 내려온 만나는 구약에서 가장 놀라운 기적 중의 하나입니다. 그런데도 이 백성들은 애굽의 핍박 속에서라도 풍부한 음식이 하나님이 주신 기적의 만나보다 더 좋다고 생각했던 것입니다.

이렇게 우리는 죄가 본질을 변화시키는 작용들을 볼 수 있습니다. 왜 그리스도인들은 복음을 어리석은 것으로 간주했을까요? 그것은 그들이 하나님의 놀라운 은혜의 선물을 받아들이는 것보다 그들 자신의 지식을 이용하는 것을 더 좋아했기 때문입니다.

왜 십자가가 이스라엘 민족에게 방해물이었을까요? 그것은 이스라엘 백성들이 그들 자신의 훌륭한 업적으로 하나님을 기쁘시게 하기를 더 좋아했기 때문입니다. 그래서 그리스도의 희생을 통한 구원의 귀한 선물을 받아들이기를 거절했던 것입니다.

인간을 위해서 이룩해 놓은 것을 받아들이지 않고 불가능한 일을 시도하려고 고집하는 인간에 대해서 어떻게 생각하십니까? 여러분은 그런 사람은 본질적으로 문제가 있다고 분명하게 말할 것입니다. 그렇지만 그것이 하나님과 그리스도의 복음을 거부하는 모든 사람들의 태도입니다. 사람들은 하나님의 자유로운 선물을 받아들이기 보다는 그들 자신의 행위로써 구원받기를 더 좋아합니다.

만나에 대한 이스라엘 백성들의 말에는 무지뿐 아니라 오만까지도 포함되어 나타납니다. 그들은 오만 무례하게 '이 만나'라고 말했습니다. 다시 말해서, 그들은 기적적인 하나님의 선물을 경멸했던 것입니다. 이것이 바로 죄의 세 번째 특성입니다.

우리가 그리스도의 고난에 대해서 읽었듯이 예수님이 십자가에 달려 있을 때 퍼부어진 사람들의 빈정거림, 경멸, 조소가 어떠했는지 잘 알 것입니다. 이것은 그들이 예수님에 대한 미움이 어떠했는지를 명백하게 보여 줍니다. 이러한 십자가에 대한 설교를 '구원의 사업'이라고 부르는 것보다 더 비웃는 말은 없을 것입니다. 이것은 죄의 본질을 가장 나쁘게 보여 주는 것이며, 또한 인간에게 가장 큰 방해물로 늘 인정되어 온 복음의 불가사의한 요소입니다.

유대 백성들은 출애굽하여 좀더 안전한 곳으로 인도되었습니다. 하나님은 그들에게 먹을 만나를 제공해 주셨습니다. 그런데도 그들은 항상 애굽의 풍성한 음식만을 원했습니다. 그러면서 애굽의 생활이 광야에서의 방랑보다 더 좋다고 생각했습니다.

오늘날의 사람들은 다음과 같이 말합니다.

"하나님을 믿는 것 그 자체는 좋습니다. 그러나 크리스찬의 생활은 너무 어렵습니다."

이것이 문제입니다. 지옥에 가기를 원하는 사람은 아무도 없습니다. 그러나 죽는 날까지 살아야 할 크리스찬의 생활이 문제가 되는 것입니다. 인간은 아직도 예수님을 좇는 것보다는 생명 없는 일시적인 이 세상의 쾌락을 더 좋아합니다.

죄 중에서 가장 나쁜 것은 근본적으로 감사하는 마음이 없는 것입니다. 애굽의 속박으로부터 구해 주신 하나님에 대한 이스라엘 백성들의 태도를 보십시오. 하나님은 그들을 인도하기 위해 모세를 택하셨으며, 이스라엘 백성들이 홍해를 무사히 건너도록 인도하셨습니다. 그러나 그들은 거듭해서 하나님께 반항했습니다.

여기서 우리는 그들에게 주었던 하나님의 선물이 가치 없는 것인 양 경멸스럽게 '이 만나'라고 말한 것을 봅니다. 이러한 모든 것에 대하여 감사할 줄 모르는 것보다 더 나쁜 일이 어디 있겠습니까? 그러나 그보다도 훨씬 더 나쁜 일이 있습니다.

하나님은 이 세상에 만나가 아닌 자신의 사랑하는 외아들을 보내셨습니다. 그래서 예수님이 오셨습니다. 그리고 자진해서 우리 죄를 대신 지시고 자신의 몸을 십자가에 달리게 하셨습니다. 그분은 우리 대신 죽으셨습니다. 우리가 묻힐 그 자리에 묻히셨습니다. 그리고 심판을 위해서 다시 살아나셨습니다. 그러나 사람들은 그분을 받아들이길 거부했고, 경멸과 조소를 퍼부었습니다. 지금 우리 역시도 이 모든 것에 대한 감사를 전혀 모르고 있습니다.

구약의 사건에 비추어 자신을 살펴보십시오. 지금은 우리 자신을 유혹하는 요소가 있더라도 결국 우리는 부끄러워하고 후회하면서 하나님께 회개할 것입니다. 우리 모두 하나님께 돌아가 우리 주 예수 그리스도를 통한 하나님의 용서를 구하십시오.

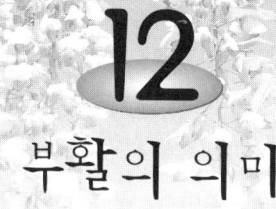

부활의 의미

"네가 만일 네 입으로 예수를 주로 시인하며
또 하나님께서 그를 죽은 자 가운데서 살리신 것을
네 마음에 믿으면 구원을 얻으리니"(롬 10:9)

교회의 연중행사 중에서 특별한 절기 때는 일반적인 설교보다는 그 당시의 중대한 사건들에 주목하고, 그것들의 의미를 역설하는 것이 더 중요하다고 생각됩니다.

교회의 역사를 보면 애석하게도, 사람들이 그리스도 안에서 생활하는 것보다 말씀을 벗어난 삶에 더 만족한다는 것을 명백하게 증언해 줍니다. 우리에게는 진리가 아닌 것이 믿음을 파괴할 정도의 상태로 나아갈 위험이 늘 도사리고 있습니다.

그래서 바울도 고린도 교회에 보내는 서신 가운데에서 우리가 믿음 안에 사는지를 때때로 시험해 보는 것보다 더 중요한 일은 없다고 언급한 것입니다. 교회의 이 특별한 행사들은 우리 자신을 시험해 보도록 도와줍니다. 우리가 그것들의 진정한 의미를 올바로 알고 지킨다면 말입니다.

그러나 부활이란 단지 모든 것이 어두울 때 갑자기 빛을 비춰 주고, 온 자연이 우리에게 죽음이 생명으로 인도됨을 가르친다는 것을 말하면서 시간을 보낸다면, 그것은 실로 무의미할 뿐입니다. 그렇게 하는 가운데 서로에게 용기를 주고 우리 자신을 활기차게 만들어 진정으로 스스로를 시험하지도 않을 것이며, 그것은 또한 크리스챤의 믿음과는 아무 관계가 없을 것입니다. 이것이 항상 우리가 직면하는 위험 중의 하나입니다. 즉, 놀랄 만한 믿음이 단지 낙천적인 생각들과 즐거움의 원천으로 변화되는 위험. 이러한 위험은 많은 다른 것들에 의해서도 똑같이 반복되어질지도 모릅니다.

철학 이상의 것

믿음에 대한 확실성과 중요성을 깨닫지 못하고는 현대와 같은 세대를 살아갈 수 없습니다. 우리가 염두에 두어야 할 것은 기독교는 단지 생활에 관한 생각이나 철학이 아니라는 것입니다. 기독교는 확실히 역사적인 사실에 근거를 둔 종교입니다. 이것은 지극히 기본적인 사실입니다.

이 세상에는 인생에 대한 철학에 불과한 종교가 많이 있습니다. 제자들의 첫 번째 설교를 들어 보면, 우리는 그들이 새로운 이론을 만들기 위해서 분주하게 돌아다니지 않았음을 알 수 있습니다. 그들은 있는 사실만을 전하기 위해서 돌아다녔습니다. 그리고 그들은 자신을 단지 말씀 전하는 사자로만 여겼습니다.

바울은 생동감 있는 표현으로 사람들에게 이 사실들을 발표

하면서 자신을 일종의 '삐라' 붙이는 사람이라고 말했습니다.

여러분은 게시판에 사실들을 게시할 수도, 발표할 수도 있습니다. 그러나 게시판에 철학을 게시할 수는 없습니다. 이것이 기독교인의 믿음에 있어 명심해야 할 첫 번째 사실입니다. 신앙은 근본적으로 철학이 아닙니다. 이것은 확실하게 역사적인 사실에 근거를 두고 있는 것입니다.

구원의 일

로마에 보내는 서신에서 바울은 그러한 역사적인 사실들을 대하는 사람들의 자세는 하나님의 구원에 기초를 두고 있다고 강조합니다.

"네가 만일 네 입으로 예수를 주로 시인하며 또 하나님께서 그를 죽은 자 가운데서 살리신 것을 네 마음에 믿으면 구원을 얻으리니".

부활은 우리가 부주의하거나 서두르는 태도로 연구할 수 있는 것이 아닙니다. 왜냐하면, 이것은 궁극적으로 우리를 심판하는 사실이기 때문입니다.

신약의 가르침에 의하면, 이 사실을 믿거나 혹은 믿지 않는 것이 인간의 영원한 장래를 결정해 준다고 합니다. 그러나 부활의 사실을 진지한 자세로 받아들일 때도 우리는 가끔 자기 시험에 빠지게 됩니다. 그것은 우리가 서 있는 곳이 어디인지를 바라보지 못하게 되기 때문입니다. 그래서 우리는 스스로 자문해 보아야 합니다.

'내 생활과 체험을 통해 볼 때 나의 신앙은 어떤 자리에 있는가? 내 하루 생활에서 그것은 어떤 역할을 하고 있는가? 그것은 진정 내 존재의 중심을 차지하고 있는가? 내 생활은 그것에 의해서 조절되고 있는가?'

바울에 따르면, 신약에 있는 역사적 사실 중에서 가장 중요한 것은 부활이라고 합니다. 근본적으로 복음이란 무엇입니까? 그것은 부활의 사실을 진정으로 믿는 것입니다. 이것이 기독교인임을 고백하는 사람에 대한 바울의 말입니다.

사람들은 부활에 대해서 어떻게 믿습니까? 만일 우리가 그런 엄격한 시련을 받도록 부탁 받았다면 우리 중 얼마나 많은 사람들이 그 선택을 받아들일지 궁금합니다.

그리스도의 생활과 가르침과 기적에 대해서는 어떻게 생각합니까? 바울은 다음과 같이 말합니다.

"하나님이 예수를 죽음으로부터 건지신 것을 진정으로 믿는 것과 먼저 그것을 믿는다는 것을 입으로 고백하는 것이 중요한 일이다".

왜 사도 바울은 부활을 믿음의 시금석으로 만듭니까? 그것은 다른 것들이 충분하지 않기 때문입니다. 그리스도의 삶과 죽음, 그분의 가르침과 행하셨던 기적들 모두가 중요합니다. 그러나 그것만으로는 충분하지 않습니다. 우리는 하나님이 예수님을 죽음에서 살리셨다는 것을 믿어야 합니다. 이것이 진정한 믿음임을 증명하는 시금석입니다.

사도행전을 읽다 보면 제자들의 설교 중 가장 중심이 되는 것이 바로 부활이라는 사실을 알게 될 것입니다. 오순절날 베드로의 설교에서도 이 말씀을 볼 수 있으며, 바울이 비시디아에서 설교할 때에도 역시 이 점을 강조했습니다.

왜 그들은 부활의 사실을 믿음의 궁극적인 시금석으로 만들었을까요? 그것은 그 사실만이 예수님이 누구인지를 증명할 수 있기 때문이었습니다. 그분이 정말로 하나님의 아들이라고 선포한 것이 부활 바로 그 자체였으니까요.

궁극적으로 제자들에게 확신을 준 것도 부활의 사실이었습니다. 베드로는 가이사랴 빌립보에서 그의 진실한 믿음의 고백을 했습니다. 그러나 곧바로 그것을 어긴 사실을 우리는 잘 알고 있습니다.

예수님이 십자가에 달리시던 날 밤에 제자들은 예수님을 버리고 도망갔습니다. 그리고 죽음에서 살아나신 예수님을 보았을 때에야 비로소 그가 진정으로 하나님의 아들임을 믿었던 것입니다. 이것이 도마를 포함한 모든 제자들의 행동이었습니다. 마리아가 예수님이 살아나신 것을 그들에게 전했을 때도 그들은 그 말을 믿지 않으려 했었습니다.

바울에 관해서 살펴보면, 그는 불신자였습니다. 하지만 그는 다메섹으로 가는 길에 부활한 예수를 만났고, 그 이후로 부활의 증인이 되었습니다. 아마도 그가 부활의 증인으로 다시 태어나지 않았다면 사도될 자격이 없었을 것입니다. 이것이 바로 가장 중요한 사실입니다.

그리스도가 누구인지를 바로 알지 못한 사람은 그분에 대해 전혀 이해하지 못했다고 해도 과언이 아닙니다. 여러분이 예수님에게 일어났던 사건들을 믿는 데 어려움이 있다면, 먼저 그분의 인간적인 면에 대해서 바로 이해하십시오. 일단 그분이 하나님의 아들이라는 사실을 깨닫게 된다면 놀라운 일들은 쉽게 이해할 수 있을 것입니다. 그분의 인간적인 면만 보더라도 우리는 그 사건들을 이해할 수 있을 것입니다. 부활의 사실만큼 그분이 누구인지를 정확하게 증명할 것은 하나도 없습니다.

성취된 예언

구약 성경에 보면 그리스도가 무덤에서 다시 살아나신다는 확실한 예언이 있습니다. 예를 들면, 시편16편, 110편에도 부활에 대한 예언이 나타나 있습니다. 이와 같은 예언은 이사야 53장에도 거듭해서 나와 있습니다. 메시아가 와서 십자가에 달리고, 장사되고, 죽음에서 살아나시리라는 예언 말입니다. 이 세상에서 죽어서도 몸이 부패되지 않은 사람은 오직 예수 그리스도 뿐이십니다.

부활은 또한 그 자신에 대해서 예언하신 예수님의 말씀을 실현시켰습니다. 예수님은 제자들에게 자신이 악인들의 손에 고통당할 것을 말씀하셨습니다. 그러나 언제나 그 말씀 후에는 3일 후에 다시 살아날 것이라고 덧붙였습니다. 제자들이 그것을 받아들이지 않았다는 사실은 그리 중요하지 않습니다.

예수님 자신이 그것을 예언했다는 데 그 중요성이 있습니다. 그리고 실제적으로 죽음에서의 부활함으로 자신의 예언을 증명했습니다.

중요한 것은 그리스도의 부활은 나사로, 야이로의 딸, 나인성 과부의 아들이 죽었다가 살아난 것과는 그 성격이 전혀 다르다는 것입니다. 그들은 생명을 다시 얻었으나 후에 또다시 죽었습니다. 그들의 부활은 단지 일시적으로 되돌아온 '소생'이었을 뿐입니다. 그러므로 하나님의 아들 외에는 누구도 영원한 죽음으로부터 살아난 사람은 없습니다.

여기에 또 하나의 중요한 사실이 있습니다. 부활하신 예수님의 몸은 하나님의 영광을 더 확실히 나타내 주었습니다. 그분은 우리와 똑같은 육신을 소유했습니다. 못자국와 창으로 찔린 허리의 상처가 그대로 남아 있었습니다. 그러나 그분은 우리와 달랐습니다. 예수님은 문이 닫혔음에도 불구하고 공간을 초월하여 안으로 들어오셨습니다. 처음에 제자들은 예수님을 알아보지 못했습니다. 그때 그분의 몸은 이미 하나님의 영광의 자리에 옮겨졌었기 때문입니다.

이제 결론을 내리겠습니다. 예수님의 죽음에 대한 진정한 의미를 보여 주는 것은 바로 부활입니다. 이것이 가장 중요합니다. 신약의 가르침을 토대로 부활의 사실을 진실로 믿지 않는 자는 그리스도의 죽음의 의미를 이해할 수 없을 것입니다. 죽은 자는 하나님의 아들이었습니다. 예수님의 죽음은 사람에 의해서 이루어진 것이 아닙니다. 예수님이 원했더라면 피할 수도 있었고, 율법학자들과 바리새인들의 악한 흉계를 물리칠 수도 있었을 것입니다. 그러나 예수님은 십자가에 달리셨습니다.

왜입니까? 나는 십자가에서 죽으신 분이 하나님의 아들이라는 것을 깨달았을 때에야 비로소 속죄에 대한 신약의 말씀에 영안이 뜨였습니다. 그리고 나는 다음과 같은 사실을 깨달았습니다.

'예수님 외에 죄의 값을 지불할 수 있는 존재는 없다. 오직 그분만이 하늘 문을 열고 나로 들어가게 할 수 있을 것이다.'

그분만이 티 한 점 없는 완전한 제물이셨습니다. 고린도 교인들에게 보내는 서신에서 바울은 다음과 같이 말했습니다.

"하나님이 죄를 알지도 못하신 자로 우리를 대신하여 죄를 삼으신 것은 우리로 하여금 저의 안에서 하나님의 의가 되게 하려 하심이니라"(고후 5:21).

확신의 길

그분의 부활을 통해서만이 죽음의 충분함을 볼 수 있습니다. 아마도 이렇게 묻고 싶은 사람이 있을지도 모릅니다.

"어떻게 한 사람이 모두를 위해서 죽을 수 있습니까?" 내가 확실히 알고 있는 것은 부활의 사실뿐입니다. 이런 이유만으로도 나는 부활을 믿고 있음에 틀림없습니다. 믿지 않는다면, 나는 아직도 죄 사함에 대해 의심하고 있을 것입니다. 그러나 진실로 하나님의 아들 예수 그리스도를 죽음으로부터 살리신 분이 하나님이심을 믿고 있기 때문에 나는 바울처럼 이렇게 말할 수 있습니다.

"사형 선고 받은 자는 누구인가? 예, 죽었다가 틀림없이 다시 사신 그리스도입니다."

궁극적으로 죄를 납득시키고, 죄를 깨닫게 해주는 것은 부활의 사실뿐입니다. 여러분이 구원의 필요성을 느낀다면 부활의 길로 가야만 합니다. 죄는 십자가 상에서만 다루어지며, 그것만이 하나님과 만나는 유일한 길입니다.

그래서 우리는 부활을 첫 번째 위치에 놓습니다. 이제 우리는 왜 그것이 시금석이 되어야 하는지를 압니다. 부활의 사실만큼 그렇게 명백하고 확실한 것은 없습니다. 어떤 사람은 부활을 가장 잘 증명된 역사적 사실이라고 말했습니다. 이에 대해서는 의심의 여지가 없습니다. 부활의 증거는 명백합니다.

그러나 우리는 부활을 단지 역사적인 사실로만 만족해 하려고 합니다. 그렇습니다. 우리는 부활을 단순히 역사적으로만이 아닌 신학적인 신앙으로 믿어야 합니다. 또한 진정으로 부활을 믿는다는 것은 그것이 우리의 생활 속에서 다스리는 주인이 된다는 것을 의미합니다. 왜냐하면 우리는 사람 앞에서 우리의 입술로서 그것을 고백하는 것을 가장 높은 권세로 생각하기 때문입니다.

13
나팔을 불라

"깨어 믿음에 굳게 서서 남자답게 강건하여라"(고전 16:13)

바울이 기록한 글의 문체가 가지고 있는 가장 뚜렷한 특징 중의 하나는, 전체 문맥과는 전혀 무관한 것같이 보이는 어구를 문장 중간 중간에 자유롭게 삽입하고 있다는 점입니다. 하지만 이렇게 삽입된 어구를 자세히 조사해 보면 아주 논리적으로 전체 문맥과 통일을 이루고 있다는 것을 알게 됩니다. 본문에서도 우리는 그와 유사한 예를 발견할 수 있습니다. 바울은 먼저 하나의 논거를 제시하고, 그 다음에 그 논거를 내세우며, 이어 보충 설명을 덧붙입니다. 그가 사용하는 문장은 일정한 계획에 따라 명확하게 구성됩니다. 본문 중에서 그 한 가지 예를 살펴봅시다.

"깨어……"라고 바울은 말합니다. 만일 여러분이 달리 번역하려면, 꽤 다양한 뜻으로 번역될 수 있을 것입니다. "깨어"라는 강조 어구는 '일어나라!'든지 '조심하라!' 아니면 군사 전문 용어를 채택하여 고쳐 읽을 수도 있는데, 가령 '차렷!'이라고 하는 관용어구로 번역해도 무방할 것입니다. 왜냐하면 이것이 바로 사도 바울이 요구하고 있는 의미이기 때문입니다. 그는 독자들을 깨워 일으켜 경계 태세를 갖추기를 원하고 있습니다.

바울의 이 권고의 말을 또 다르게 해석한다면, 그것은 "나팔을 불라"는 구약의 말을 인용할 수도 있을 것입니다. 다시 말해서, 이러한 말을 사용함에 있어 바울은 실제로 누군가에게 기상 나팔을 불도록 명하고는, 군사들이 깨어 일어나 단단히 무장을 하고 각자 자기 위치에서 엄중히 경계하도록 알리고 있다고 말할 수 있을 것입니다.

깨어라

'깨어라' 라는 표현은 신약 성경에서 뿐 아니라 구약 성경에서도 자주 사용된 말입니다. 예수님의 여러 강론을 읽어 보면, '깨어라' 라는 단어가 종종 사용되고 있음을 쉽게 볼 수 있습니다. 바울이 한 이 권고의 말 역시도 복음서의 마지막 장에서만 특징적으로 사용된 것이 아니라 서신들에서도 자주 사용되고 있음을 볼 수 있습니다. 또한 이 권면의 말이 요한계시록에서는 가장 중요한 주제로 다루어져 있음을 알 수 있습니다.

"깨어 일어나 주의하고 서서 경계하라"는 이 권고의 말씀은 그리스도인들이 반드시 주의해서 들을 필요가 있는 말씀입니다.

이와 같은 경고의 말은 그 말이 확실하게 필요할 때 외에는 자주 반복되지 않습니다. 주님이 그의 백성에게 닥쳐올 환난을 여실히 보지 않으셨다면, 결코 '깨어라'라는 권고의 말씀을 거듭 되풀이하지는 않으셨을 것입니다. 하나님은 그 백성들에게 환난에 대비할 것을 촉구하신 것입니다.

기독교 역사상 현시대보다 이 말씀을 더 필요로 한 때는 없었습니다. 과거 신앙이 무기력한 상태에 빠졌던 시대도 있었고, 교회가 다소간 퇴폐되어 역사의 암흑기를 거쳐온 적도 있었습니다. 하지만, 오늘날 우리가 살고 있는 지금 이 시대보다 '깨어라'라는 권면의 말씀이 더 절실하게 필요한 때는 이제껏 결코 없었습니다.

우리는 왜 깨어 있어야만 합니까

전지 전능하신 하나님은 왜 우리에게 "깨어라", "경계하라"라고 명령하고 계십니까? 이에 대한 해답으로 신약 성경에서는 '기독교인의 삶이란 투쟁의 삶이다'라는 간단한 이유로 깨어 있어야 할 필요성을 설명하고 있습니다. 이것을 좀더 넓은 의미로 생각해 보면 우리가 신앙 생활을 열심히 하지 않는다는 것입니다.

여러분은 기독교인의 생활을 하나의 전쟁터로, 하나의 전투 행위로 생각해 본 적이 있습니까? 또한 교회를 하나님이 자신을 위해 이 지구상에 남겨 놓은 단 하나의 전투 부대라는 생각을 해 보았습니까? 나는 오늘날 우리 기독교가 신약 성경에서 언급하고 있는 이 중요한 진리를 잊고 있다고 말하고 싶습니다. 이와 같은 잘못된 생각을 고치려고 한다면, 우리는 그 진리를 잃게 된 이유를 각자가 발견해야 합니다. 우리가 잘못된 그 근본적인 이유를 발견해 내지 않고는 우리 자신을 올바른 위치에 놓을 수 없기 때문입니다.

그렇다면 잘못된 이유가 무엇입니까? 이에 대한 분명한 대답은 최근 여러 해 동안에 종교의 초자연적인 힘을 배제하려는 경향이 있어 왔다는 것과, 세상에서 작용하고 있는 사탄의 세력과 보이지 않는 악의 힘을 믿지 않으려고 하는 경향으로 설명할 수 있습니다. 일단 우리가 영적 신앙을 잃게 되면 필연적으로 정신적인 갈등을 일으킬 수밖에 없습니다.

바꾸어 말하면, 기독교를 단지 철학이나 올바른 인생관의 하나 정도로 간주하는 경향이 있어 왔다는 것입니다. 또한 기독교가 우리 인생의 모든 생활을 지배하는 것으로 생각하는 대신에 사람들이 받아들일 수도, 배격할 수도 있는 단순한 하나의 철학 정도로 간주한다는 것입니다.

그래서 철학에서 어떤 역동적인 힘을 기대하지 않는 것과 마찬가지로 기독교도 그와 같은 힘이 없을 것이라는 논쟁을 거듭해 왔습니다. 다시 말해서, 기독교를 단순히 실용적인 교리 혹은 생활의 한 방편으로 생각해 온 사람들이 많이 있다는 것입니다.

최근 몇 년 동안 나는 복음을 사회에 적용할 수 있는 방법을 주의 깊게 생각해 보았습니다. 만일 우리가 복음을 이와 같이 단순히 실용적인 견지에서만 생각한다면, 신약 성경의 중점적 가르침인 선과 악의 관계, 하나님과 사탄, 그리고 천국과 지옥의 관계에서 야기되는 중요한 문제들을 쉽게 잃어버리게 될 것입니다.

또한 내가 염려하는 것은 일부 사람들이 그리스도인의 생활을 삶의 긴장감을 해소하는 정도의 가벼운 수동적 의미로 생각하려는 경향 때문에, 죄악과 투쟁해야 하는 기독교적 생활을 상실해 가고 있다는 점입니다.

전투적인 삶

신약 성경에서 그리스도인에게 강조하고 있는 것은 그리스도인의 생활이란 '전투'라는 사실입니다. 바울은 자신의 인생 목적에 대하여 '믿음과의 선한 싸움'이라 말하고 있습니다. 즉, 그는 신앙인의 생활이란 마치 씨름과도 같은 것이라고 말합니다.

또한 베드로는 우리의 적수는 먹이를 찾아 헤매며 삼켜 버리려고 포효하는 성난 사자와도 같다고 말하고 있습니다. 요한계시록에 나오는 말씀 중에서 전투로 표현된 것은 곧, 이 세상과 인류를 위하여 싸우는 영적인 무력전을 뜻하는 것입니다.

신앙 생활이 전쟁과도 같은 삶이라는 이 표현은 각 시대를 통하여 위대한 문학 작품 속에서 그 뜻을 더욱 확고하게 다지고 있습니다. 특히, 신앙 부흥기에 기록된 작품을 음미해 본다면, 영적 전투적인 이 개념이 강조되고 있다는 것을 알게 될 것입니다(예를 들면, 죤 번연의 『천로역정』에서 우리는 한 순례자가 원수들에게 시달리고 있는 것을 보게 됩니다. 그것은 맨솔시(the city of Mansoul)를 위한 투쟁인 것입니다).

기독교인의 삶은 본질적으로 전투이기 때문에 우리는 늘 싸워야 합니다. 이렇게 성경에서 보는 것처럼 싸우지 않으면, 우리는 싸움에 패배해서 원수의 희생물이 될 수밖에 없기 때문입니다.

우리는 무엇에 의해 깨어야 합니까

그 대답은 간단합니다. 우선, 우리 자신이 주의해야 합니다. 신앙 생활에서 자기 자신이 가장 큰 문제점을 안고 있다는 사실을 아직도 발견하지 못한 사람은 그가 누구든지 간에 이 문제에 있어서 만큼은 새 신자에 불과한 것입니다. 그러므로 다른 사람을 깨우치려 하기 전에 먼저 자신부터 깨어 있어야 합니다.

그렇다면 우리 자신은 무엇에 있어서 깨어 있어야만 합니까? 우선 무엇보다도, 전반적으로 저하된 자신의 사기부터 일깨워야 합니다. '나는 교회와 성경 말씀에 대해 조금씩 믿음이 없어지는 것은 아닐까? 나는 사람들과 어울려 하나님이 계시지 않는 다른 곳으로 돌아가고, 도덕적으로 정신 상태가 타락해 가고 있는 것은 아닐까? 내가 계속해서 이런 상태로 나가는 것이 정말 가치 있는 것인가? 나는 과거에 한때 그랬던 것처럼 심령이 뜨거워져서 열심을 내고 있는가?' 라고 자문해 보아야 합니다.

우리는 생활 가운데에서 끊임없이 닥쳐오는 환난에 대비하여 항상 자신을 깨우쳐야만 합니다. 정직성과 순결성에 대한 확실한 기준을 가지고서 '내가 과거 죄악에 빠져 있었던 것처럼 지금도 그렇지는 않은가? 나는 죄악에 대해서 하나님 중심이 아닌 서로 타협하려는 경향은 없는가? 내가 한 행동에 대해 책임지기 보다는 변명만을 늘어놓고 정당화하는 데 익숙해 있지는 않은가?' 와 같은 질문을 해보아야 합니다. 이처럼 우리는 믿음이 연약해지는 것에 대비하여 꾸준히 깨어 있지 않으면 안됩니다.

이와 똑같은 방법으로 우리는 믿음의 힘과 능률성이 저하되지 않도록 스스로가 깨어 있어야만 합니다. 여러분은 정기적으로 정신적 단련을 행하고 있습니까? 유혹에 빠졌을 때 예전과 다름없이 그 유혹을 뿌리칠 수 있다는 것을 확신합니까? 복잡 미묘한 유혹에도 예전과 똑같은 권능의 힘을 발휘할 수 있습니까? 혹은 단련된 정신적 능력이 감소되었기 때문에 믿음의 힘이 저하되었습니까?

우리는 이런 것을 잊은 채 세월이 흐르도록 내버려 두기 쉽습니다. 생활이 바쁘고 해야 할 일 또한 너무 많아서 하나님의 말씀을 읽거나, 혹은 정신적인 묵상에 잠기기에는 너무 여유가 없다고 말합니다. 우리는 이렇게 걸핏하면 게으름에 대한 변명을 하기 쉽습니다.

우리는 먼저 자신을 깨운 후에 적을 깨워야 합니다. 그러나 적을 주의하지 않고 자신만이 깨어 있는 사람은 아무 쓸모가 없을 것입니다. 그래서 첫 번째로 우리가 깨어서 지켜 보아야 할 것은 적의 힘과 능력입니다. 어떤 사람들은 정신적 투쟁의 모든 문제가 육체와 관련된 것으로 생각하는 것 같습니다. 그러나 우리의 전투 대상은 완전무결한 영적 힘에 대항하는 것이라는 사실을 결코 잊어서는 안됩니다.

적의 능력과 힘은 미묘한 음흉성에 있습니다. 바울은 사탄이 스스로를 참신한 천사의 빛으로 변모시켜 우리를 주 예수 그리스도의 진리로부터 끌어낼 수 있다는 사실을 상기시켜 주고 있습니다.

오늘날 교회가 직면한 가장 큰 위험은 교회 자체가 탈선되는 것은 차치하고라도, 사소한 문제들을 너무 강조하고 있다는 것입니다. 하나님의 말씀을 읽고 선지자의 예언을 해석하십시오. 주 예수 그리스도의 신성화를 이해하십시오. 또 기독교 교육에 대해 진정으로 걱정해 보십시오. 그러면서 우리들은 항상 다음과 같은 것들을 기억해 두지 않으면 안됩니다.

교회의 제일 큰 사명과 기능은 사람들로 하여금 자기의 죄를 회개하도록 권유하는 것이며, 문제의 근본 원인이 되는 죄와 악을 멀리하는 것입니다. 또한 그리스도가 십자가에 못박혀 모든 이의 죄를 사하려고 죽으셨다는 것을 설교하며, 타락한 인간성을 회복할 수 있도록 하는 것입니다.

우리는 언제 깨어 있어야 하는가

마지막으로, 그럼 우리는 언제 깨어 있어야 합니까? 그 대답은 항상 깨어 있어야 한다는 것입니다. 어떤 일이 일어났을 때에야 비로소 깨닫는 것만큼 위험한 일은 없습니다. 그렇기 때문에 지금 바로 깨어 있지 않으면 안됩니다. 정신적으로 휴식 상태는 있을 수 없습니다. 그러므로 항상 방심하지 말고 경계해야 합니다.

"우리는 계절이 시작되고 끝남에 관계 없이 늘 깨어 있어야 합니다."

14 하나님을 가까이하는 삶

"대저 주를 멀리 하는 자는 망하리니……
하나님께 가까이함이 내게 복이라 내가 주 여호와를
나의 피난처로 삼아 주의 모든 행사를 전파하리이다"
(시편 73:27-28)

시편 73편의 이 마지막 두 구절은 시편 전체의 실제적인 결론일 뿐 아니라 시편을 쓴 저자들이 다윗이 기술한 체험의 결과에 의해 내린 결론이기도 합니다. 그 중 시편 73:27-28은 다윗의 마지막 묵상입니다. 그는 과거에 대한 생각을 말끔히 지워버리고 미래에 직면해서 자기가 해야 할 일은 오직 하나, 곧 하나님께 가까이 가는 것이라고 단정을 내립니다.

이 구절은 시편에서 핵심이 되는 부분 중의 하나입니다. 시편의 저자들은 인생의 어떤 체험을 겪을 때마다 그 체험에 대한 느낌을 기록했으며, 그리고 나서 그 동안 있었던 모든 일의 결과에 의해 어떤 원칙을 세웠습니다.

시편 저자의 체험은 우리와 친숙한 내용입니다. 그는 주위에서 하나님을 믿지 않는 사람들이 더 번창하고 잘사는 것을 보았습니다. 이 점이 그를 회의에 빠지게 했습니다. 그는 하나님을 믿는 데는 어떤 다른 목적이 있는 것이 아닐까 하고 의아하게 여겨지기 시작했던 것입니다. 거듭된 의문으로 말미암아 그는 결국 시험에 빠지고 말았습니다. '과연 하나님은 정의로우신가? 좁은 문으로 들어가라고 권유하는 데는 어떤 다른 의도가 있는 것인가?'

그러자 하나님이 그의 영안을 열어 주시고 인생을 올바로 바라볼 수 있는 안목을 주셨습니다. 하나님은 언제나 그에게 축복을 준비하고 계신다는 사실을 나타내 보이셨던 것입니다. 그제서야 비로소 이 저자는 자기가 얼마나 심각한 고민에 빠졌었던가를 깨달을 수 있었고, 다시금 하나님을 찬양하고 경배하기 시작했습니다.

이런 과정을 통하여 그는 하나의 결론에 도달할 수 있었습니다. 우리가 아무 것도 예측할 수 없는 미래에 직면해서도 어떻게 똑같은 결론에 다달을 수 있는지 궁금하였던 것입니다. 시편 기자의 말을 번역하면 다음과 같습니다.

"하나님을 가까이함이 내게 복이라".

그의 소망 또한 하나님을 가까이하고자 하는 것이었습니다.

만사 형통하는 길

시편 기자는 그의 중대한 결심을 다음과 같은 대조 형식으로 표현함으로써 우리가 그것을 이해하는 데 도움을 주고 있습니다.

"대저 주를 멀리하는 자들은 멸망할 것이나 하나님을 가까이함이 내게 복이라".

우리는 하나님을 가까이하거나 또는 멀리하는 이 둘 중의 하나를 선택할 수밖에 없습니다. 그밖에 다른 길은 없으니까요. 그래서 이 시편 저자는 다음과 같이 결론을 내립니다.

"나에게 진실로 잘못된 것은 내가 하나님을 가까이하지 않았다는 것이다. 나는 하나님의 성스러움의 밝은 빛으로 깨우침을 받아왔다."

그는 단 한 가지, 즉 하나님과 인간과의 관계가 가장 중요한 것임을 비로소 깨달은 것입니다.

우리는 모두 행복이 인생의 어떤 조건에 의해 좌우된다고 생각하는 경향이 있습니다. 그래서 하나님을 믿지 않는 사람들이 훨씬 더 잘살고 번창하는 것을 보면 시기심을 느끼며 투덜거리고 불평하기 시작합니다.

그러나 이제 우리는 불행이 오직 단 하나의 이유, 즉 하나님을 가까이하지 않았기 때문에 초래되었다는 사실을 깨닫게 됩니다. 이것이 바로 처음부터 끝까지 지켜야 할 신앙 생활에서의 지혜인 것입니다. 우리가 하나님을 멀리한다면 모든 일은 곧바로 잘못될 것입니다. 이것은 마치 대서양을 횡단하는 배와 마찬가지입니다. 만일 북쪽 별자리의 위치를 시야에서 놓치게 되면 나침반은 방향을 잘못 가리키기 시작합니다. 그때는 길잡이가 되던 나침반도 아무 소용 없어집니다. 이처럼 세상에서 하나님을 아는 것보다 더 중요하게 여길 것은 아무 것도 없습니다.

 기독교인에게 있어서 중요한 것은 하나님을 가까이하는 것입니다. 여기에서 우리는 기쁨과 평화를 찾을 수 있고, 하나님의 사랑 안에서 자신 있고 안전한 휴식을 취할 수 있는 것입니다. 나는 하나님을 가까이하며 살고자 합니다. 그리고 내 인생에 어떤 일이 일어날지라도 그것은 내게 있어 본질적으로 절대 필요한 것입니다.
 하나님의 말씀에 대하여 우리는 그분께 얼마나 많은 감사를 드려야 합니까? 성경은 우리에게 결코 엄격한 명령만을 하고 있지는 않습니다. 그와 같은 명령에 대한 이유를 반드시 설명해 주고 있습니다.

 하나님을 가까이하는 삶이 중요한 이유 중 한 가지는 하나님을 멀리하고 사는 사람들의 운명 속에서 찾아 볼 수 있습니다. 시편 저자는 자신을 방황하도록 이끌었던 것은 자기 주변에서 하나님을 믿지 않는 사람들이 성공적으로 사는 것을 보았을 때였다는 사실을 깨닫고, 다시는 그와 같은 시험에 빠지지 않을 것을 다짐하고 있습니다.
 "하나님을 멀리하는 자는 멸망하리라".
 소돔, 고모라와 그 평원의 도시들에 관한 이야기를 생각해 보십시오. 아브라함은 하나님의 말씀대로만 살면 커다란 축복을 주신다고 굳게 믿었습니다. 시편의 저자 역시도 "하나님을 멀리하는 자는 멸방할 것이라"는 말씀으로 하나님을 믿지 않는 사람들의 영화로움이 무엇이든 간에 그것은 일시적이며, 별로 중요하지 않다는 결론에 도달하고 있습니다.

성경의 위대한 메시지

이 본문은 시편의 처음부터 마지막까지의 말씀 중 가장 위대한 메시지입니다. 히브리서 11장에서 믿음의 선진들이 보여 준 믿음처럼 우리도 인생을 그렇게 바라보도록 권면하고 있습니다.

우리는 그리스도께서 대신 감당한 죄를 애굽에 있는 어떠한 금은 보화보다도 더 소중한 재물로 존중해야만 합니다. 우리는 이 세상에서 비난받을 수밖에 없는 운명에 놓여 있다고도 볼 수 있습니다. 세상의 모든 것은 끝내 멸망할 것입니다. 또한 이 세상은 공허하고 텅 빈 것입니다. 이 세상에서 받을 수 있는 번쩍이는 선물들 속에는 나방과 독병만이 있을 뿐입니다.

"하나님을 멀리하는 자들은 멸망할 것이다".

하나님을 멀리하는 사람을 기다리고 있는 것은 혹독한 운명 뿐입니다. 여러분은 그 말씀에 대해 완전히 이해하고 있습니까? 참으로 궁금합니다. 하나님을 경배하는 것이 마음에서 우러나지 않은 적은 없습니까? 신앙 생활을 계속해야 할지 하지 말아야 할지 망설여 본 적은 없습니까?

우리는 전혀 하나님을 섬기지 않는 사람들도 아무 어려움 없이 잘 살아가는 경우를 종종 봅니다.

한 가지 예를 들어 보겠습니다. 일요일날 농작물을 추수하려고 마음먹은 한 농부가 있었습니다. 그는 놀랄 만큼 풍성한 수확을 거두어 그의 창고에는 곡식이 넘치도록 가득 찼습니다. 그래서 그 농부는 언젠가 설교를 들었던 목사님을 찾아가서 그의 설교가 틀렸음이 분명하다고 말했습니다.

"재난이 나에게 닥치지 않았어요. 내 농작물을 망치지도 않았어요. 당신은 주일날에 예배드리지 않으면 나에게 닥칠 위험의 결과에 대해 말했었지요? 그러나 지금 당신의 설교는 어떻습니까?"

목사님은 그 농부를 바라보며 이렇게 대답했습니다.

"하나님은 반드시 가을에 계산하지는 않으신다네."

시편 저자는 다음과 같이 말하고 있습니다.

"하나님에게 가까이하는 내게 복이 있도다".

나는 될 수 있는 한 하나님과 가까이하는 삶을 살 것을 맹세합니다. 왜 그렇게 다짐하느냐고요? 그것은 하나님의 성품 때문입니다. 만일 우리가 "하나님께 가까이하는 내게 복이 있도다"라는 말씀을 완전히 깨닫는다면, 아주 당당하게 이 세상에서 더 바랄 것이 아무 것도 없다는 것을 알게 될 것입니다. 우리는 사랑하는 사람 가까이에 있기를 원합니다. 또한 우리는 여러 가지 면에서 위대하다고 생각되는 사람에게 소개되기를 원합니다. 그러면서도 우리는 전지 전능하신 하나님의 보호 안에 있는 것을 얼마나 지겹게 생각했습니까?

그래서 시편 저자는 여기에서 하나님의 통치권, 위대성, 위엄, 영원히 변치 않는 사랑, 천국과 지상의 창조주, 우리 주 여호와, 약속을 지키는 하나님 등에 대해 강조하고 있는 것입니다.

모세에게 이스라엘 백성들을 이끌고 애굽의 속박으로부터 벗어나라고 명령하실 때, 하나님은 그에게 여호와로서의 자신을 특별히 계시해 주셨습니다. 하나님은 자기 백성들이 잘 살기를 바라셨습니다. 그래서 그분은 우리에게 자신을 내어 주시면서까지 맹세하셨습니다. 시편 저자는 그와 같은 하나님 가까이에 존재하는 것을 인생에서 그 무엇보다 더 중요하게 원한다고 말합니다. 하나님과 늘 함께 관계되는 삶 말입니다.

만일 어떤 위대한 사람이 우리에게 "늘 당신에게 연락드리고 싶어요"라고 말한다면 얼마나 기쁘겠습니까? 우리는 그것을 하나의 특권이요, 명예라고 여길 것입니다. 예수 그리스도께서 아버지 하나님을 우리에게 내보이시려 왔을 때도 이렇게 말씀하셨습니다.

"영생은 곧 유일하신 참 하나님과 그의 보내신 자 예수 그리스도를 아는 것이니라"(요 17:3).

요한은 그 뜻을 이렇게 기록했습니다.

"우리의 교제는 아버지 하나님과 함께하는 것이다."

이것은 시편 저자가 하나님의 사랑 안에서 언제나 살아가기를 간절히 원한다는 말입니다.

이 얼마나 중요한 생각입니까? 우리는 우리 앞에 무엇이 기다리고 있는지 잘 모릅니다. 우리는 변화로 가득 찬 세계에 살고 있으며, 우리 자신 조차도 변하기 쉬운 피조물입니다. 이 세상은 불안정하고, 불확실합니다. 그러니 영원히 변치 않는 하나님 아버지의 빛, 변함 없으신 그분의 존재 안으로 들어갈 수 있는 그 순간을 우리가 알 수 있다면 그보다 더 놀라운 일이 어디 있겠습니까? 하나님은 능력과 위엄, 영광과 사랑, 그리고 자비로움에 늘 변함이 없으신 분이십니다. 그리스도 안에서 우리로 하여금 하나님과 친교를 허락하심을 깨닫기를 원합니다.

하나님이 우리를 만족케 하시리라

"하나님을 가까이함이 내게 복이라".

시편 저자가 자신이 겪은 경험을 바탕으로 이 말을 한 것은 놀랄 만한 일입니다. 그가 행복에 넘쳐서 하나님을 기쁘시게 할 수 있었던 것은 그분의 신성함을 알게 된 후에야 비롯된 것이었습니다.

"하나님을 가까이하라 그리하면 너희를 가까이하시리라"(약 4:8).

야고보는 그의 서신에서 이렇게 말하고 있습니다. 이 말은 우리가 하나님을 향해서 한 걸음씩 내디딜 때마다 그분은 우리를 향해 한 걸음씩 걸어오신다는 말입니다. 우리가 진실된 믿음을 갖고 하나님께 가까이 가면 우리는 그분이 우리에게 가까이 오신다는 것을 확신할 수 있습니다. 그분은 구원의 하나님이시기 때문에 우리는 마땅히 하나님께로 가까이 나아가야만 합니다. 그렇게 하면 그분은 우리에게 온갖 축복과 완전한 선물을 주십니다.

나의 죄가 용서받았다는 사실을 알 수 있는 것은 내가 하나님께 가까이 있을 때입니다. 나는 그분의 사랑을 감지할 수 있으며, 이 세상에서 아무도 빼앗을 수 없는 기쁨을 소유하고 있습니다. 여러분이 이제껏 경험한 것들 중에서 최고의 평화와 기쁨을 맛보았던 그 순간을 생각해 보십시오. 바로 당신이 하나님께 가까이 있었던 순간들이 아니었습니까? 하나님 앞에서 당신은 지금의 상황보다 더 높이 올려지고 축복받을 것입니다.

"하나님께 가까이함이 내게 복이라 내가 주 하나님을 믿나이다".

우리 모두가 미지의 미래를 위하여 기도하는 것은 안전과 평안을 위한 것입니다. 우리의 믿음이 연약해질 때 우리는 스스로에게 자문해 봅니다. '나는 누구를 믿고 있는가? 나는 어디에서 안전함을 찾을 수 있을까?' 물론 그것은 오직 하나님으로부터만 찾을 수 있습니다.

"주 여호와 하나님을 믿고".

시편은 진리의 말씀으로 가득 차 있습니다.

"주 하나님의 이름은 견고한 망대라".

우리가 그리스도 안에 있기 때문에 악한 것은 우리를 해치지 못합니다. 변함없이 지켜 주시는 하나님의 안식처 안에서는 그 어느 누구도 우리를 해칠 수가 없기 때문입니다.

하나님을 영광스럽게 함

그러나 시편 저자는 하나님 가까이 살기로 결심한 또 다른 이유를 다음과 같이 들고 있습니다.

"주의 모든 행사를 전파하리라".

그렇게 행하는 것이 하나님을 영광스럽게 하는 것이기 때문입니다. 우리가 하나님께로 가까이 가면 구원의 은혜를 경험할 것이고, 안전함을 얻을 것이며, 그런 경험들은 우리로 하여금 사람들 앞에서 하나님의 이름을 찬양하고 그분의 영광을 드러내게 인도할 것입니다. 이것이 바로 우리가 세워야 할 목표인 것입니다.

여러분은 소요리 문답의 첫 번째 질문을 기억할 것입니다.

"인간의 제일 되는 목적은 하나님을 영화롭게 하고 그분을 영원토록 즐거워하는 데 있다".

이 말에 시편 기자는 전적으로 동감합니다. 그분과 함께 있음으로 즐거워함은 물론 그분을 영광스럽게 하며 좀더 하나님께 가까이 가려고 하기 때문이라고 말입니다. 우리 삶에서 해야 할 일은 모든 생활과 일치된 언행을 믿지 않는 사람들에게 그분에 대해 전하는 것입니다. 우리가 하나님 가까이 살게 된다면 하나님과 교감이 이루어지는 삶을 살 수 있습니다. 그러므로 우리는 더 이상 세상 것이 우리의 이루고자 하는 목표가 되지 않도록 결단해야 하는 것입니다. 이 시편의 저자가 평화와 영혼의 안식을 찾았던 것은 바로 하나님의 성역 안으로 들어갔을 때였습니다.

여러분이 하나님 가까이 살고 싶다면, 여러분의 개인 생활에서 뿐만 아니라, 사람들과 교제하는 시간에도 기도하고 하나님의 말씀을 읽으십시오. 말씀의 묵상을 위해서, 하나님과 심령의 일들을 위해서, 하나님의 존재를 실현하기 위해서 시간을 내십시오. 여러분의 죄를 용서받고 기도하면서 하나님이 여러분 가까이 계시다는 사실을 깨달은 후에야 비로소 여러분은 평화로움을 느낄 것입니다.

우리가 또 한 가지 배워야 할 것은 하나님께 순종하는 것입니다. 이런 것들을 이루기 위해서 우리의 마음속에 꼭 간직해야 할 두 가지 규칙이 있습니다. 그것은 언제나 하나님을 찾고, 그분에게 복종하는 것입니다. 그리고 우리의 사악한 죄로 인하여 하나님과의 교제가 끊어졌다고 생각되면, 예수 그리스도의 보혈이 우리를 모든 죄에서 깨끗케 하신다는 사실을 기억하고 하나님께 여러분의 죄를 진실되게 고백함으로써 그분과의 교제를 즉시 회복시켜야만 합니다.

하나님은 이렇게 우리가 마음속 깊이 깨우쳐서 결단할 것을 촉구하십니다.

"하나님을 가까이함이 내게 복이라".

우리 모두 하나님을 알고, 그분과 함께 생활하며, 이제부터의 모든 인생이 하나님의 은총 속에서 사는 축복된 하나님과의 교제를 누리시길 바랍니다.

옮긴이 김의원

숭실대학교 졸업(B.A.)
총신대학 신학연구원 수학
미국 웨스트민스터 신학교 졸업(M.Div.)
미국 웨스트민스터 신학대학원 졸업(구약전공 : Th.M.)
미국 뉴욕대학교 대학원 졸업(Ph.D.)
미국 뉴욕중부교회 4년간 담임
현재, 총신대학교 총장

판 권 소 유

은혜의 기적

1992. 11. 30 초판 펴냄
2002. 3. 30 3판 펴냄

지은이 마틴 로이드 존스
옮긴이 김의원
발행인 김영무

발행처 : 도서출판 아가페문화사
156-094 서울 동작구 사당4동 254-9
전화 3472-7252, 3 팩스 523-7254
등록 제3-133호(1987. 12. 11)

보급처 : 아가페문화사
156-094 서울 동작구 사당4동 254-9
전화 3472-7252, 3 팩스 523-7254
온라인 국민은행 098-01-0036-905 (김영무)
우 체 국 011791-02-004204 (김영무)

값 6,800원

♣ 잘못 만들어진 책은 교환해드립니다.
♣ 무단 표절 또는 복제를 금합니다.

ISBN 89-8424-054-0 03230